„Gott konnte nicht überall sein,
daher schuf er Mütter.“

Jüdisches Sprichwort

Die 5-Elemente-Küche

für Schwangere und Stillende

Dr. Claudia Nichterl

av BUCH

Inhalt

Über dieses Buch

Schwangerschaft und Stillzeit sind bedeutende Phasen im Leben einer Frau. Es ist eine aufregende Zeit, und viele Frauen sind sehr motiviert, ihrem Kind einen idealen Start in ein glückliches, gesundes Leben zu ermöglichen.
Schwangere durchleben eine Vielzahl von sozialen, psychischen und physiologischen Veränderungen. Das macht sensibel und offen für Gesundheitsthemen. Wissenschaftliche Untersuchungen weisen darauf hin, dass die Ernährung der Mutter während der Schwangerschaft einen wesentlichen Beitrag zur Gesundheit und Entwicklung des Kindes leistet. Damit steigen aber auch der Druck und die Verantwortung für Frauen. Tagtäglich erscheinen neue Informationen in Zeitschriften, Freundinnen verunsichern mit ihren Erzählungen und Fachleute verwirren durch unterschiedliche Meinungen. Als werdende Mutter möchten Sie dabei alles richtig machen und für sich und das Kind das Beste tun. Aber was ist das Beste?
Mit diesem Buch, das auf das Wissen der Traditionellen Chinesischen Medizin (TCM) und auf aktuellen ernährungswissenschaftlichen Erkenntnissen aufbaut, möchte ich schwangere und stillende Frauen mit einfachen und wirkungsvollen Ernährungstipps unterstützen. Hintergrundinformationen erklären Ihnen die Veränderungen in den einzelnen Phasen der Schwangerschaft, damit Sie selbst spüren können, was Ihnen guttut. Genießen Sie die besondere Zeit und das Wunder des heranwachsenden Babys in Ihrem Bauch. Das Buch begleitet Sie sachlich und leicht lesbar durch die nächsten Monate. Es liefert Antworten auf Fragen wie: Was ist während Schwangerschaft und Stillzeit zu beachten? Wie können Sie sich nach der Geburt körperlich wieder gut aufbauen? Gibt es bestimmte Lebensmittel, die gesünder sind als andere und warum? Was ist bei vegetarischer Ernährung hilfreich? Was tun bei Beschwerden wie Übelkeit, Sodbrennen oder chronischer Müdigkeit?
Für viele Frauen ist die Schwangerschaft ein Anlass, ihre eigenen Lebens- und Ernährungsgewohnheiten unter die Lupe zu nehmen und vielleicht auch nachhaltig zu verändern. Tun Sie sich selbst etwas Gutes und achten Sie dauerhaft auf eine Ernährung, die Ihnen guttut. Dann bleiben Sie gesund, haben – auch nach der Schwangerschaft und Stillzeit – viel Energie für den Nachwuchs und legen gleichzeitig die Basis für ein genussvolles Essverhalten bei Ihrem Kind. Nutzen Sie die Rezeptideen in diesem Buch für eine genussvolle Unterstützung bei Schwangerschaft, Geburt und in der Stillzeit. Das Beste für Sie und Ihr(e) Kind(er) wünscht

Claudia Nichterl

Claudia Nichterl

PS: Ich möchte mich an dieser Stelle bei meiner Mitarbeiterin und Kollegin Mag. Claudia Pirko-Königsberger bedanken. Als Mutter von zwei Kindern hat sie mich an ihren persönlichen Erfahrungen und ihrem Praxiswissen teilhaben lassen und ganz wesentlich zur Entstehung dieses Buches beigetragen.
Über Feedback würde ich mich freuen. Besuchen Sie dazu meine Website www.essenz.at oder schreiben Sie an beratung@essenz.at. Vielen Dank!

Ein neuer Lebensabschnitt beginnt.

In freudiger Erwartung

Das kostbarste Geschenk für Eltern ist ihr Kind – und schon in der Schwangerschaft beginnt diese einzigartige Beziehung. Im Mutterleib wächst ein kleiner Mensch heran, entsteht aus eigenem Fleisch und Blut.
Auch wenn viele Schwangerschaften ungeplant eintreten, bereiten sich doch viele Paare ganz bewusst auf eine Schwangerschaft vor. Neben der Planung von Ausbildung und den ersten Berufsjahren wird häufig auch der Zeitpunkt für das erste Kind bewusst geplant und mit Vorbereitungen begleitet. Dazu kommt eine steigende Tendenz an Fruchtbarkeitsstörungen – sowohl beim Mann als auch bei der Frau. Paare, die sich ein Kind wünschen, sind vermehrt um ihre Fruchtbarkeit besorgt und nehmen dies zum Anlass, sich mit ihrem Körper und ihrer Gesundheit zu beschäftigen.
Damit kommt häufig auch das Thema Ernährung auf den Plan, um die Bedingungen für eine Empfängnis zu verbessern und einen gesunden Start der Schwangerschaft

sicherzustellen. Paare, die sich auf eine Schwangerschaft vorbereiten, sollten sich ausgewogen ernähren, auf Rauchen und Freizeitdrogen verzichten und Alkohol nur in Maßen zu sich nehmen. Ein guter Ernährungsstatus der Frau stellt sicher, dass einerseits die Kräfte und die Substanz der Mutter erhalten bleiben und auch das Ungeborene ausreichend Nahrung für Wachstum und Entwicklung bekommt.

Im traditionellen China bereitet man sich bereits zwei Jahre vor der geplanten Geburt durch entsprechende Nahrung und Kräutergaben auf die Empfängnis vor. Ziel der Ernährungsumstellung ist, das Qi (die Energie) zu stärken, die Blutbildung zu fördern und genug Jing (Essenz, auch „Lebensfeuer") zu erhalten. Ab etwa drei bis vier Monate vor der Zeugung begünstigt eine abwechslungsreiche und ausgewogene Ernährung die Fruchtbarkeit der Frau. Die Produktion eines Spermafadens dauert ca. 72 Tage, deshalb ist es auch für den Partner sinnvoll, etwa zwei Monate vor der Zeugung auf Ernährung und Lebensstil gezielt zu achten. Besonders wichtig ist es, Untergewicht oder starkes Übergewicht auszugleichen. Die Auswahl von biologischen Zutaten hilft die Belastung mit Schadstoffen zu mindern. Belastungen mit Kadmium (z. B. durch Rauchen, auch Passivrauchen) und Quecksilber (z. B. aus schadhaften Amalgamfüllungen oder belasteten Fischen wie Thunfisch oder Aal) sollten vermieden werden. Verzichten Sie nach und nach auf aufputschende Getränke wie Kaffee, Schwarztee, Energy Drinks oder Schokolade, um Entzugserscheinungen wie Kopfschmerzen oder Müdigkeit zu vermeiden. Zwei Nährstoffe sind für die Fruchtbarkeit besonders wichtig: Folsäure und Zink. Häufig reicht die Zufuhr von Folsäure aus der Nahrung nicht aus, vor allem wenn wenig grünes Gemüse oder Hülsenfrüchte gegessen werden. In diesem Fall macht zur Vorbereitung einer Schwangerschaft eine Nahrungsergänzung durchaus Sinn. Unterstützend zur Folsäuregabe sollten Sie allerdings auf alle Fälle auch Ihre Ernährung umstellen. Während Folsäure vor allem auch für die gesunde Entwicklung des Babys in den ersten Wochen wichtig ist, beeinflusst Zink direkt die Fruchtbarkeit von Mann und Frau. Zink wird für die Hormonbildung benötigt und ist vor allem in Fleisch und Vollkornprodukten enthalten. Mit dem Einhalten dieser wenigen Tipps können Sie das Eintreten der Schwangerschaft unterstützen. Übrigens lautet der chinesische Name für Schwangerschaft im Volksmund übersetzt so viel wie „Glück haben".

Bio – von Anfang an

Die Ernährung eines Kindes beginnt bereits vor der Geburt. Was und wie die Mutter isst, spielt eine wichtige Rolle für die Versorgung. Die Nahrung der Mutter wird ja beinahe eins zu eins an das Kind weitergegeben – zuerst über die Nabelschnur und später über die Muttermilch. Das gilt nicht nur für Vitamine und andere Nährstoffe, sondern leider auch für Schadstoffe wie Pestizide oder Schwermetalle. Studien zeigen, dass die Muttermilch von Müttern, die sich vorwiegend mit biologischen Lebensmitteln ernähren, weniger mit Schadstoffen belastet ist. Vermeiden Sie während der Stillzeit eine Gewichtsabnahme über das ursprüngliche Gewicht hinaus. Eine allzu starke Gewichtsreduktion führt nämlich dazu, dass im Depotfett gespeicherte Schadstoffe freigesetzt werden und über die Muttermilch an das Kind weitergegeben werden.

Das Organsystem nach der TCM

In der Traditionellen Chinesischen Medizin (TCM) wird eine Schwangerschaft wie in der westlichen Schulmedizin in drei Trimenone (Schwangerschaftsdrittel) eingeteilt. In jedem Abschnitt ist ein Organsystem (Niere, Milz oder Leber) schwerpunktmäßig für den Verlauf der Schwangerschaft zuständig. Durch bewusste Ernährung zum jeweils richtigen Zeitpunkt können diese Organsysteme gestärkt und unterstützt werden. Eine zentrale Rolle für unsere Lebensenergie spielt nach TCM die Niere. Sie ist der Sitz von Jing (Essenz), womit energetisch gesehen unsere Lebenskraft bzw. unser „Lebensfeuer" gemeint ist. Die Niere ist unter anderem für die zentralen Prozesse wie Geburt, Wachstum, Reproduktion und Entwicklung zuständig. Sie bewahrt unsere „vorgeburtliche Energie" auf, was der angeborenen Konstitution oder dem Erbgut entspricht. Was wir in die Wiege gelegt bekommen, können wir selbst nicht mehr beeinflussen. Wir können nur noch lernen, mit dieser Konstitution zu leben und auf uns zu achten. Eine gute Nierenenergie der Mutter kann aber dazu beitragen, dem Kind einen guten Start zu ermöglichen und ihm möglichst viel Essenz bzw. Lebenskraft mitzugeben.

Erstes Trimenon: Funktionskreis Niere

Der Funktionskreis Niere steht in der TCM für die körperliche und geistige Entwicklung, die Sexualfunktionen und die Fortpflanzungsfähigkeit. Eine starke Nierenenergie ist also für die Empfängnisfähigkeit und eine Schwangerschaft von großer Bedeutung. Damit eine Schwangerschaft entstehen kann, muss die Nierenenergie zum Zeitpunkt der Zeugung bei Mann und Frau funktionstüchtig und ausreichend vorhanden sein. Bei Eintritt einer Schwangerschaft ist es für die Frau ratsam, die Niere im ersten Schwangerschafts-Trimenon zu stärken. Damit wird gewährleistet, dass nach der Einnistung des Eis in der Gebärmutter dies dort dauerhaft und gut verankert wird. Eine frühe Fehlgeburt wird aus Sicht der TCM einer Nierenschwäche zugeschrieben. Die Niere gehört im 5-Elemente-System der TCM zum Wasserelement. Alles, was im Wasser wächst, im Wasser lebt oder aus dem Wasser kommt, stärkt das Wasserelement und somit die Niere. Lebensmittel wie Fisch, Meeresfrüchte, Algen, Meersalz, aber auch Reis und Hülsenfrüchte unterstützen in den ersten drei Schwangerschaftsmonaten.

Fisch und Meeresfrüchte stärken die Niere.

Reine Frauensache

Anders als es die westliche Medizin betrachtet, befindet sich die Gebärmutter aus chinesischer Sicht mitten im Netzwerk sämtlicher innerer Organe und spielt damit eine ganz zentrale Rolle im weiblichen Körper. In der TCM wird die Gebärmutter als „Wunderorgan" gesehen und gewürdigt. Sie vereint Yin und Yang in einem und hat viele – fast poetische – Bezeichnungen: Roter Palast, Palast des Kindes, See des Blutes oder Blutkammer. Als Speicherorgan sammelt und speichert sie Essenzen und Blut (Yin-Funktion) und als Hohlorgan beherbergt sie den Fötus, der nach Ablauf der Schwangerschaft in die Welt entlassen wird (Yang-Funktion). Die Gebärmutter ist energetisch mit den anderen Organen über sogenannte Leitbahnen (Meridiane) verbunden. Besonders wichtig ist der „Chong Mai" („Meer des Blutes"), die Verbindung zur Leber, über die die Gebärmutter mit Blut und Essenzen versorgt wird. Die Gebärmutter wird in dieser Vorstellung vor der Periode mit Blut aufgefüllt, bis sie überfließt und die Periode beginnt.
In den Nieren entspringt der „Ren Mai" („Gefäß der Empfängnis") und versorgt die Gebärmutter mit wertvollem Qi. Die Feuerkraft der Nieren wirkt belebend auf die Gebärmutter und beeinflusst die Fruchtbarkeit. Bei schwacher Nierenenergie können Fertilitätsstörungen auftreten. Auch das Herz steht in direkter Verbindung mit der Gebärmutter. Das erklärt vielleicht, dass Frauen sich meist erst dann sexuell öffnen können, wenn sie sich verliebt haben und auch mit dem Herzen dabei sind.

Zweites Trimenon: Funktionskreis Milz

Im zweiten Trimenon der Schwangerschaft tritt der Funktionskreis Milz in den Vordergrund. Die Milz unterstützt das Wachstum des Fötus. Sie übernimmt die Aufgabe des Haltens und Nährens. Spätaborte werden aus diesem Grund einer Milzschwäche zugeschrieben. In der Ernährung von Schwangeren ist daher besonders auf die Stärkung der „Mitte" – gemeint sind die Organe Milz und Magen – zu achten. Nur so wird das im Mutterleib heranwachsende Kind ausreichend mit Qi (Energie) und Blut genährt. Gut gefüllte Energiespeicher beim Kind sind später der Grundbaustein für seinen Vorrat an vorgeburtlicher Energie (Essenz, „Lebensfeuer") für sein weiteres Leben. Aber auch die Mutter profitiert von der Stärkung der Milz, denn so muss nicht auf Reserven zurückgegriffen werden, deren Verlust langfristig den Körper schwächen würde. Extreme Süßgelüste während der Schwangerschaft sind häufig ein Hinweis auf eine Milzschwäche. Spätestens wenn starkes Süßverlangen auftritt, sollte auf eine Milzstärkung geachtet werden. Die Milz wird besonders gestärkt durch bekömmliche Ernährung, d. h. vorwiegend gekochtes und gedünstetes Essen wie Suppen, Eintöpfe, Getreidegerichte, Wok-Gemüsepfannen mit Huhn und hin und wieder Süßspeisen mit Hirse, Reis oder Polenta.

Drittes Trimenon: Funktionskreis Leber

Im dritten und letzten Trimenon ist der Funktionskreis Leber bedeutsam. Die Leber steht für Bewegung und Aktivität. So auch für die Aktivität des Kindes, das immer stärker zu spüren ist. Der Funktionskreis Leber ist auch für die Geburt zuständig. Während der gesamten Schwangerschaft steigt die Energie der Leber vermehrt nach oben. Aus diesem Grund sind auch die typischen Füllezeichen dieses Organs zu erkennen: Nasen- oder Zahnfleischbluten, Stimmungsschwankungen. Yin und Yang, die dualen Kräfte, die in der TCM den Zustand des Körpers beschreiben, sind im dritten Trimenon verschoben. Durch den relativen Yang-Überschuss in der Leber kommt es zu einer Verringerung des Yin-Anteils. Das spüren dann vor allem Frauen, die schon vor der Schwangerschaft eine Milz-Qi-Schwäche hatten und denen immer kalt war. Sie erleben eine gravierende Veränderung und erstmals frieren sie nicht mehr. Im Gegenteil, es ist ihnen fast zu heiß oder sie fühlen sich erhitzt.

Auch starke Gelüste auf Saures, die während der ganzen Schwangerschaft auftreten können, sind einem Yin-Mangel der Leber zuzuschreiben. Schwangere sind häufig sehr empfindsam, sowohl emotional als auch gegenüber Gerüchen und Geschmäcken. Bei starker Hitzeentwicklung gilt es Scharfes zu meiden. Vielmehr ist es wichtig, mit saftigem Essen das Yin zu stärken. Viel grünes Gemüse, rotes Obst (Beeren) oder Gemüse (Rote Rüben) und kleine Mengen an Milchprodukten helfen den Körper zu erfrischen und den Blutaufbau zu unterstützen.

Die wichtigsten Organe und ihre Funktionen nach der TCM

Organ	Funktionen nach TCM	Organ	Funktionen nach TCM
Milz	• Umwandlung/Transformation der Nahrung • Produziert nachgeburtliches Qi • Nährt die Gebärmutter • Hält das Blut in den Gefäßen	Leber	• Kontrolliert den Qi-Fluss (Aufsteigen und Absinken des Qi in den Meridianen) • Ist eng mit dem „Chong Mai“ verbunden, der während der Schwangerschaft in einem Füllezustand ist und dadurch seine bereits bestehende, nach oben gerichtete Wirkungsweise verstärkt • *Aufsteigendes Leber-Qi:* Nasen- oder Zahnfleischbluten, Stimmungsschwankungen zu Beginn der Schwangerschaft • *Verringertes Leber-Yin:* Übelkeit, Schwindelgefühle, Gelüste nach Saurem
Herz	• Trägt zur Blutbildung bei • Ist für den gleichmäßigen Fluss des Blutes verantwortlich		
Nieren	• Sitz und Speicher der vorgeburtlichen Essenz (Jing) • Versorgen Mutter und Kind während der Schwangerschaft mit Qi		
Lunge	• Gewinnt Qi aus der Atemluft • Verteilt das Qi im ganzen Körper • In Verbindung mit der Haut für Abwehr- und Immunkraft zuständig		

Gesund essen in Schwangerschaft und Stillzeit

Heute wissen wir mehr über die gesunde Ernährung von Schwangeren und Stillenden als noch vor Jahren. Es gibt einige Dinge besonders zu beachten, aber im Großen und Ganzen gilt, sich an die grundlegenden Richtlinien einer ausgewogenen Ernährung zu halten. Eine gute, nährstoffreiche Kost bringt sowohl für die werdende Mutter als auch für das Baby viele Vorteile. Bestimmte Vitamine und Nährstoffe fördern die Gehirnentwicklung des Kindes und verhindern Fehlbildungen. Ein besonderes Augenmerk gilt auch dem Gewicht der Mutter. Starkes Übergewicht oder Diabetes der Mutter scheinen das Geburtsgewicht der Kinder zu heben, und Untersuchungen weisen darauf hin, dass Kinder aus solchen Schwangerschaften später eher Gesundheitsprobleme haben. Essen für zwei bedeutet also, eine richtige Kombination an Nährstoffen, aber nicht zu viele Kalorien oder Energie zu sich zu nehmen.

Ernährungsregeln der TCM

In der Traditionellen Chinesischen Medizin oder 5-Elemente-Ernährung werden die einzelnen Funktionskreise und Organe durch bestimmte Lebensmittel gestärkt und unterstützt.

Stärkung der „Mitte"

Besonderes Augenmerk gilt bei werdenden Müttern der Stärkung der „Mitte" (Milz und Magen). Das stellt sicher, dass der Fötus ausreichend vorgeburtliche Energie zur Verfügung gestellt bekommt, welche er für sein weiteres Leben braucht. Außerdem kräftigt ein starkes Milz-Qi die Mutter, die dann während der Schwangerschaft nicht auf ihre kostbaren vorgeburtlichen Reserven (Jing) zurückgreifen muss. Ein starker Heißhunger auf Süßes ist ein Hinweis auf einen Qi-Mangel der Milz. Da sich das Kind jede Menge Qi von der Mutter holt, leiden besonders Frauen, die bereits zu Beginn der Schwangerschaft einen Qi-Mangel haben, sehr häufig an Süßgelüsten. Der Griff zu Süßigkeiten ist für sie aber genau das Verkehrte, weil dadurch die Milz weiter geschwächt wird. Empfehlenswert hingegen ist, den Speiseplan mit Wurzelgemüsen, Fenchel, Kürbis und Kartoffeln aufzuwerten. Auch ein höherer Eiweißanteil in den Mahlzeiten (mit Ei, Fisch, Hülsenfrüchten oder Geflügel) und ein gekochtes Getreidefrühstück sind sehr hilfreich, um das Qi aufzubauen. Die „Mitte" liebt außerdem Regelmäßigkeit, ideal sind drei Mahlzeiten mit etwa vier bis fünf Stunden Pause dazwischen. Das bringt Struktur in den Alltag und hilft den Verdauungsorganen, in den Esspausen in Ruhe ihre Arbeit zu verrichten. Zwischen den Mahlzeiten sollte ausreichend getrunken werden, vor allem Wasser (auch heißes Wasser), Kräutertees oder hin und wieder auch verdünnte Fruchtsäfte. Vermeiden Sie üppige Mahlzeiten mit zu viel Fett (Pommes frites, Gebackenes, Schokolade) und auch zu späte Mahlzeiten, die dann für Schlafstörungen sorgen können, weil der Magen noch zu voll ist.

Blutaufbau

In der Traditionellen Chinesischen Medizin wird in der Schwangerschaft zusätzlich besonders auf die Blutbildung geachtet. Nach der TCM erkennt man einen leichten Blutmangel an folgenden Zeichen: chronische

Müdigkeit, blasses Gesicht, blasse Lippen, trockene Haut und Haare, Kribbeln in den Gliedmaßen, Einschlafen der Gliedmaßen, Lichtempfindlichkeit der Augen oder Nachtblindheit. Ein Blutmangel ist meist die Folge eines Qi-Mangels. Wenn die Milz, die gemeinsam mit Herz und Nieren für die Blutbildung verantwortlich ist, nicht genug Qi aus der Nahrung erzeugen kann, führt das in Folge zu Blutmangel. Die Ursachen dafür sind meist in einer zu kalten und unbekömmlichen Ernährung (trockene Brotmahlzeiten, viel Rohkost, Unverträglichkeit von Vollkornprodukten, zu viel Milchprodukte oder Zucker) zu finden, aber auch Stress und ungünstiges Verhalten (kein Frühstück, ständiges Naschen, Fertigprodukte, Fast Food, viel Fernsehen oder Bildschirmarbeit, wenig Erholungsphasen) verstärken die Symptomatik. Die Basis für den Blutaufbau ist eine Stärkung der „Mitte".

Gewichtszunahme

Eine Gewichtszunahme in der Schwangerschaft ist ein Naturgesetz. Im Durchschnitt wiegen Frauen bis zum Ende der Schwangerschaft etwa elf Kilogramm mehr als davor. Aber keine Panik, davon gehen drei bis vier Kilogramm auf die Rechnung des Nachwuchses, die Gebärmutter legt um ca. 900 Gramm zu und die Plazenta wiegt etwa 600 Gramm. Außerdem werden die Brüste um etwa 400 Gramm schwerer. Etwa zwei bis drei Kilogramm sind als Stillreserve gedacht. Als Faustregel gilt eine zusätzliche Kalorienaufnahme von etwa 250 Kilokalorien täglich. Das entspricht etwa der Menge von 100 Gramm Fisch mit 150 Gramm Gemüse und einem Esslöffel Öl oder 50 Gramm Mandeln. Essen für zwei ist also in der Schwangerschaft nicht erforderlich. Unsinnig und für das Kind von Nachteil ist es, während der Schwangerschaft Diät zu halten.

Zu bedenken ist, dass während der Schwangerschaft der Bedarf an Kohlenhydraten und Eiweiß ansteigt, nicht jedoch der an Fett. Sie sollten aber – speziell im letzten Schwangerschaftsdrittel – auf die Auswahl des Fettes achten. Omega-3-Fettsäuren sind für die Reifung der Augen und für die Gehirnentwicklung von großer Bedeutung. Spätestens für die letzten drei Schwangerschaftsmonate wird empfohlen, täglich zwei bis drei Esslöffel hochwertige Öle (Rapsöl, Olivenöl, Walnussöl, Leinöl, Kürbiskernöl) in die Ernährung einzubauen und zusätzlich ein- bis zweimal pro Woche Fisch zu essen.

Auswahl wichtiger Lebensmittel während der Schwangerschaft

- **Gemüse:** Karotten, Kürbis, Pastinaken, Süßkartoffeln, Fenchel, Spinat, Mangold, Kohl, Rote Rüben, Fisolen (grüne Bohnen), Erbsen, Austernpilze, Brokkoli, Champignons, Chinakohl, Stangensellerie, Vogerlsalat (Feldsalat), Sprossen
- **Obst:** Äpfel, Birnen, Beeren, Kirschen, Marillen (Aprikosen), Pfirsiche, Datteln, Feigen
- **Getreide:** Reis, Hirse, Polenta, Amarant, Hafer, Dinkel, Buchweizen, Gerste
- **Eiweißlieferanten:** Fisch, Huhn, Ente, Rindfleisch, Linsen, Bohnen, Kichererbsen, Eier
- **Nüsse, Samen und Öle:** Maroni (Esskastanien), Walnüsse, Mandeln, Haselnüsse, Erdnüsse, Sesam, Kokosnüsse, Walnussöl, Rapsöl, Olivenöl
- **Getränke:** Roter Traubensaft, Johannisbeersaft, Rote-Rüben-Saft, Melissentee, Orangenblütentee, Rosenknospentee
- **Gewürze:** Ingwer, Vanille, Kardamom, Kümmel, Kurkuma, frische Kräuter

Vorsichtsmaßnahmen

Schwangere werden häufig vor bestimmten Lebensmitteln gewarnt. Das ist aber in vielen Fällen nicht richtig und birgt nur die Gefahr, eine einseitige Ernährung zu fördern. Wenn Sie gesund und schwanger sind, dann können Sie grundsätzlich alles essen. Bei einigen Dingen sollten Sie – wie sonst auch – allerdings Vorsicht walten lassen:

- **Toxoplasmose:** Diese Infektion wird durch Parasiten verursacht und kann besonders im ersten Trimenon schwere Probleme verursachen. Sie verhindern eine Infektion, indem Sie Rind-, Schweine- und Lammfleisch immer gut durchbraten und sich nach Kontakt mit rohem Fleisch die Hände gut waschen.
- **Salmonellen:** Diese Bakterien können in rohem Geflügel oder Eiern vorkommen und verursachen hohes Fieber, Erbrechen, Durchfall und Dehydrierung. Eine Infektion schadet zwar dem Kind nicht, schwächt aber die Mutter. Verzichten Sie daher auf rohe Eier, Rohmilchprodukte und nicht durchgegartes Geflügel.

Allergien vermeiden

Wenn Sie selbst oder Ihr Partner Allergien haben, dann möchten Sie diese verständlicherweise bei Ihrem Kind verhindern. Häufig wird empfohlen, sämtliche Lebensmittel, die Allergien auslösen können, in der Schwangerschaft zu meiden. Dazu zählen wichtige Lebensmittel wie Fisch, Milch, Eier, Nüsse oder Sojaprodukte. Es werden laufend Untersuchungen zu diesem Thema durchgeführt, die aber alle darauf hinweisen, dass dieser Verzicht kaum etwas bringt. Im Gegenteil, dadurch steigt das Risiko für eine einseitige Ernährung bzw. das Auftreten von Nährstoffmängeln. Manche Experten empfehlen sogar explizit den Genuss dieser Lebensmittel, damit das Immunsystem des Kindes bereits früh darauf geprägt wird, später diese Lebensmittel als harmlos erkennt und eben keine Allergie entwickelt. Es gibt allerdings eine Ausnahme: Bei einer Allergie gegen Erdnüsse (die eigentlich keine Nüsse, sondern Hülsenfrüchte sind) in Ihrer Familie sollten Sie während der Schwangerschaft konsequent auf Erdnussbutter, Erdnüsse, Schokolade mit Erdnüssen und Erdnussflocken verzichten.

Vegetarisch oder vegan schwanger sein – geht das?

Eine ausgewogene Mischkost ist eindeutig die gesündeste und sicherste Basis für die Entwicklung des Ungeborenen. Ovo-Lacto-Vegetarierinnen können mit der richtigen Lebensmittelauswahl ausreichend für ihr Baby sorgen. Für sie ist es allerdings besonders wichtig, auf eine ausreichende Eiweiß-, Eisen- und Folsäureaufnahme zu achten. Eiweißreiche pflanzliche Nahrungsmittel wie Hülsenfrüchte, Kartoffeln, Nüsse und Vollkornreis sind kombiniert mit Milchprodukten besonders empfehlenswert. Grünes Blattgemüse sowie rotes Obst und Gemüse sind reich an Eisen und teilweise auch an Folsäure. Um das pflanzliche Eisen für den Körper verwertbar zu machen, sollte bei den Mahlzeiten zusätzlich immer Vitamin C in Form von einem Schuss Zitronensaft oder einem Apfelkompott als Dessert aufgenommen werden. Bei veganer Ernährung ist zusätzlich auf die Versorgung

Warum Eiweiß so wichtig ist

Eiweiß (Protein) besteht aus Aminosäuren. Diese stellen wichtige Bausteine für die Körperzellen dar. Besonders im zweiten und dritten Schwangerschaftsdrittel, wo das Baby besonders schnell wächst und auch die Brüste und andere Organe größer werden, ist es wichtig, auf eine ausreichende Eiweißversorgung zu achten.

Gute Quellen für Protein sind Fleisch, Fisch, Eier, Geflügel, Hülsenfrüchte, Sojaprodukte, Nüsse, Samen, Milchprodukte, Getreide (Quinoa, Amarant), Wildreis und Austernpilze. Idealerweise essen Sie zu jeder Mahlzeit eines der angegebenen Lebensmittel mit gutem Eiweißanteil – hier einige Beispiele:

- 60–80 g Käse
- 1–2 Eier
- 100–130 g Tofu
- 3–5 EL Nussmus
- 50–80 g Nüsse oder Samen
- 150–200 g gekochte Hülsenfrüchte
- 100–120 g Fleisch, Geflügel oder Fisch

Auch andere Lebensmittel wie Getreide oder Kartoffeln enthalten einen gewissen Anteil an Eiweiß, sogar Gemüse und Obst haben einen geringfügigen Eiweißanteil. Eine ausgewogene und abwechslungsreiche Auswahl unterstützt eine gute Grundversorgung mit Protein. Zusätzlich gibt es einige sehr günstige Kombinationen, wo schon kleinere Mengen reichen, das sind Kartoffeln und Ei (z. B. als Omelett, Gnocchi oder Salat), Reis und Bohnen (z. B. als Salat, Bohneneintopf mit Reis als Beilage oder Risottogerichte mit Bohnensalat) oder Weizen mit Milch (z. B. als Grießbrei mit Obst).

Gesund essen – die beste Vorbereitung auf das Baby

mit Vitamin B_{12} zu achten. Vitamin B_{12} ist gemeinsam mit der Folsäure für die Produktion von genetischem Material wichtig. Enthalten ist Vitamin B_{12} hauptsächlich in tierischen Lebensmitteln. Veganer beziehen Vitamin B_{12} aus Hefeaufstrichen, Sauerkraut und angereicherten Lebensmitteln wie Frühstücksflocken, Sojafleisch, Sojamilch oder Pflanzenmargarine. Folsäure oder Vitamin B_{12} können nach Absprache mit dem Arzt auch supplementiert werden.

Nach der TCM gilt es, auf eine ausreichende Qi- und Blutzufuhr zu achten. Hierfür eignen sich vor allem Fleisch und Fisch, zumindest aber Eier und lang gekochte Kraftbrühen oder Reiscongee. Auch rotes Gemüse und rote Früchte und Säfte wirken blutaufbauend. Wenn Sie diese Kriterien berücksichtigen, ist es möglich, sich während der Schwangerschaft ovo-lacto-vegetabil zu ernähren.

Früchte unterstützen die Eisenaufnahme aus Getreide.

Die wichtigsten Vitamine und Mineralstoffe

Eine ausgewogene Ernährung während der Schwangerschaft hilft Ihnen, gesund zu bleiben, und versorgt Ihr Baby mit wichtigen Nährstoffen. Einige Vitamine, Mineralien und Spurenelemente sind besonders wichtig. Nutzen Sie die folgende Übersicht, die Beispiele für Lebensmittel enthält, die reich an diesen Nährstoffen sind.

Magnesium

Magnesium unterstützt die Bildung von starken Knochen und Zähnen, hilft beim Aufbau und der Regeneration von Zellen, reguliert den Blutzuckerspiegel und ist Bestandteil von Enzymen. Magnesium und Kalzium wirken gemeinsam; während Magnesium die Muskeln entspannt, regt Kalzium die Muskeln zum Zusammenziehen an. Studien zeigen, dass eine gute Versorgung mit Magnesium vorzeitigen Gebärmutterkontraktionen (vor der 35. Schwangerschaftswoche) vorbeugt. Ein sinkender Magnesiumspiegel kann Wehen auslösen. Der Magnesiumbedarf ist während der Schwangerschaft leicht erhöht und über eine gesunde und abwechslungsreiche Ernährung gut zu decken. Gute Quellen für Magnesium sind grünes Blattgemüse, Getreide, Hülsenfrüchte, Nüsse, Samen, Fleisch und Milchprodukte.

Eisen

Eisen ist wichtig für die Bildung von Hämoglobin, einem Bestandteil der roten Blutkörperchen, welcher für den Sauerstofftransport zuständig ist. Eisen ist auch Bestandteil von Myoglobin, einem Protein, das die Muskeln mit Sauerstoff versorgt, von Kollagen, einem in Knochen, Knorpeln und Bindegeweben vorkommenden Protein, und von vielen Enzymen. Außerdem hilft Eisen, das Immunsystem gesund zu erhalten. Während der Schwangerschaft steigt der Bedarf an Eisen an, auch weil Schwangere am Ende der Schwangerschaft fast 50 Prozent mehr Blut als gewöhnlich haben. Viele Frauen haben bereits zu Beginn der Schwangerschaft einen niedrigen Eisenvorrat. Ihnen wird deshalb häufig die Einnahme von Eisenpräparaten empfohlen. Diese können allerdings den Magen-Darm-Trakt irritieren und Verstopfung auslösen. Gute natürliche Nahrungsquellen für Eisen sind Fleisch,

Geflügel, Fisch, aber auch pflanzliche Lebensmittel wie Hülsenfrüchte, grüne Gemüse, rote Früchte, getrocknete Feigen und Getreide wie Hirse, Haferflocken, Quinoa und Amarant. Auch Leber ist eine sehr gute Eisenquelle. Aufgrund des möglicherweise (zu) hohen Gehalts an Vitamin A sind häufige Mahlzeiten mit Leber allerdings nicht ratsam. Eisen aus pflanzlichen Lebensmitteln ist leider nicht so gut verfügbar wie das aus tierischen Lebensmitteln, kann aber durch die gleichzeitige Aufnahme von Vitamin-C-haltigen Lebensmitteln (Gemüse, Obst, Fruchtsaft) verbessert werden. Wichtig ist auch, Schwarztee und Kaffee zu meiden, da die darin enthaltenen Phenole die Eisenaufnahme hemmen.

Folsäure

Folsäure ist an der Bildung roter Blutkörperchen sowie am Prozess der Zellteilung und -neubildung beteiligt, schützt die Schleimhäute, hilft beim Aufbau von Hormonen des Nervensystems, unterstützt die Gehirnfunktionen und ist ein wichtiger Bestandteil der Flüssigkeit im Rückenmark (Liquor). Ein guter Folsäurestatus hilft, einen offenen Rücken (auch Spina bifida genannt) und andere Fehlbildungen wie Lippen-, Kiefer- und Gaumenspalten, bestimmte Herzfehler oder Fehlbildungen der Harnwege zu verhindern. Daher wird vor allem in den ersten drei Monaten der Schwangerschaft die Einnahme von Folsäurepräparaten empfohlen, um das Risiko von Geburtsfehlern zu senken und eine Fehlgeburt zu vermeiden. Bei geplanter Schwangerschaft ist es sinnvoll, bereits vor der Empfängnis für einige Wochen ein Folsäurepräparat einzunehmen. Zusätzlich ist eine folsäurereiche Ernährung wichtig. Die besten Quellen für Folsäure sind grüne Blattgemüse, Hefe, Nüsse, Kuhmilch, Karfiol (Blumenkohl), Brokkoli, Getreidekeimlinge und Hülsenfrüchte.

Kalzium

Kalzium ist wichtig für die Entwicklung von Knochen, Zähnen, Nerven und Muskeln. Es hilft einen normalen Herzrhythmus und die Fähigkeit zur Blutgerinnung zu entwickeln. Bei Kalziummangel der Mutter bzw. zu geringer Aufnahme mit der Nahrung wird das Baby trotzdem gut versorgt, weil es das Kalzium den Knochen der Mutter entzieht, was später zu gesundheitlichen Problemen der Mutter – insbesondere zu Osteoporose (Knochenschwund) – führen kann. Gute Quellen für Kalzium sind Milchprodukte, (schwarzer) Sesam, Sardinen, Mohn, Lachs, Tofu, Sojaprodukte, Mandeln, getrocknete Feigen, Gemüse (Brokkoli, Grünkohl, Fenchel, Spinat, Mangold), Sprossen, Weizenkeime, Quinoa und Amarant. Eine Nahrungsergänzung mit Präparaten ist bei ausgewogener Ernährung im Normalfall nicht erforderlich. Wenn Sie an einer Unverträglichkeit gegen Milch leiden oder Milchprodukte aus anderen Gründen meiden, sprechen Sie bitte mit Ihrem betreuenden Arzt über eine eventuell notwendige Ergänzung.

Zink

Zink ist wichtig für die Produktion, Reparatur und das Funktionieren von DNA, dem Träger der genetischen Information. Zink unterstützt außerdem das Immunsystem, den Geschmacks- und Geruchssinn und hilft bei der Wundheilung. Vor der Empfängnis ist Zink für die Bildung von Spermien oder Eizellen wichtig. Der Zinkbedarf ist in der Schwangerschaft und Stillzeit leicht erhöht. Die Versorgung ist bei ausgewogener Ernährung normalerweise garantiert. Gute Quellen sind Fleisch, Geflügel, Hülsenfrüchte, Getreide, Nüsse und Samen. Bei vegetarischer Ernährung kann bei Bedarf mit einem Präparat ergänzt werden.

Hilfreiche Tipps bei Beschwerden

Eine Schwangerschaft bringt nicht nur die Freude auf das Kind mit sich, sondern häufig auch ein paar Beschwerden. Zum Glück gibt es für unangenehme Begleiterscheinungen wie Übelkeit, Sodbrennen oder geschwollene Beine einige Hausmittel, die die Sache erleichtern. Heilkräuter und das jahrtausendealte Wissen der TCM unterstützen Sie auf natürliche Weise.

Was tun bei Übelkeit und Erbrechen?

Ein häufiges Problem – vor allem in den ersten Schwangerschaftsmonaten – sind (morgendliche) Übelkeit und Erbrechen. Nach der TCM sind diese Beschwerden auf ein Ungleichgewicht im Funktionskreis Milz und Magen zurückzuführen. Wenn zum Zeitpunkt der Schwangerschaft das Milz- und Magen-Qi der Mutter geschwächt ist, so richtet sich das in Fülle vorhandene Qi im „Chong Mai" (Zentralkanal) gegen den Energiefluss des Magens. Damit wird die Richtung des Magen-Qi, welches normalerweise von oben nach unten fließt, umgedreht. Das Sprichwort „Mir dreht es den Magen um" wird hier sehr deutlich. Therapeutisch hilfreich sind einfache, bekömmliche Mahlzeiten wie gekochtes Getreide (z. B. Reis, Polenta, Hirse) mit gedünstetem Gemüse oder auch (Kraft-)Suppen, die das Milz-Qi stärken. Ein Tee aus ein bis zwei Scheiben frischem Ingwer, zwei Kardamomkapseln und ein bis zwei roten Datteln verschafft ebenfalls Linderung.
Eine andere Ursache für die Übelkeit kann eine konstitutionelle Yang-Fülle im Funktionskreis Leber/Gallenblase sein, die durch Ärger, Wut, Frustration, Kränkungen, Stress oder falsche Ernährung entstanden ist. Der Lebermeridian läuft energetisch gesehen durch den Magen und verbindet so seine Fülle mit der des „Chong Mai", was

Die wichtigsten „Frauenkräuter"

- **Frauenmantel:** Der Name dieses Heilkrauts stammt aus dem Mittelalter, wo Damenmäntel den Pflanzenblättern mit dem geschwungenen Rand sehr ähnlich sahen. Die enthaltenen Gerb- und Bitterstoffe wirken zusammenziehend, stärken die Gebärmutter vor der Geburt und fördern die Regeneration nach der Entbindung.
- **Brennnessel:** Weil die Brennnesseln dem Boden wichtige Nährstoffe entziehen, ist die Pflanze bei Gärtnern eher unbeliebt. Aber genau das macht sie mit ihren Inhaltsstoffen wie Carotin (Vorstufe Vitamin A), Vitamin C, Eisen, Selen, Zink und Kalium zur wertvollen Heilpflanze. Brennnesseln regen den Stoffwechsel an und helfen werdenden Müttern anstrengende Zeiten besser zu überstehen. Auch Wasseransammlungen im Gewebe werden durch Brennnesseltee ausgeleitet. Alternativ können Sie auch täglich ein bis zwei Esslöffel Frischpresssaft aus dem Reformhaus einnehmen. Danach immer viel Wasser trinken.
- **Melisse:** Gibt Kraft und stärkt den Körper für die Anforderungen der Schwangerschaft.
- **Himbeerblätter:** Lockern die Muskulatur im Becken und erleichtern die Geburt.

Für einen Tee zwei- bis dreimal täglich einen Teelöffel getrocknetes Kraut mit einer Tasse heißem Wasser übergießen und zehn Minuten ziehen lassen.

Umeboshi-Pflaumen – ein bewährtes Hausmittel der TCM

ein Zuviel auslöst und ebenso den Energiefluss des Magens umkehrt. In weiterer Folge kann dadurch Hitze im Magen entstehen, was sich neben Übelkeit in bitterem oder schlechtem Mundgeschmack, Zahnfleischbluten, Zahnfleischentzündungen und Sodbrennen äußern kann. Bei dieser Symptomatik ist es wichtig, alles zu meiden, was weitere Hitze begünstigt. Das ist vor allem scharfes Essen, zu süße und zu üppige Mahlzeiten und besonders späte Mahlzeiten am Abend. Ein Hausmittel der TCM sind „Umeboshi-Pflaumen", die mit einem Kleenex oder einem Stück Mullbinde in den Nabel gelegt und eventuell mit Pflaster festgeklebt werden. Umeboshi-Pflaumen zentrieren das Qi in der Mitte des Körpers und wirken so der nach oben gerichteten Energie entgegen. Umeboshi-Pflaumen sind botanisch gesehen Marillen (Aprikosen), die in einer salzigen Lake eingelegt werden. Sie werden in China und Japan zur Gesunderhaltung empfohlen bzw. bei Magen-Darm-Problemen angewendet. Sie enthalten vergleichsweise viel Kalzium, Phosphor und Eisen und wirken durch die enthaltenen Milchsäurebakterien sehr regenerierend auf das Verdauungssystem. Umeboshi-Pflaumen können sowohl innerlich als auch äußerlich angewendet werden. Sie schmecken allerdings sehr, sehr salzig, bitte Vorsicht beim ersten Bissen. Erhältlich sind Umeboshi-Produkte im gut sortierten Bioladen und Reformhaus.

Was tun bei stark wechselnden Nahrungsgelüsten?

Der typisch wechselnde Gusto nach Süßem und Salzigem kann durch ein Zuviel an Süßigkeiten entstehen. Je mehr Süßigkeiten gegessen werden, umso mehr kommt als Ausgleich der Gusto auf Salziges und Saures. Nach der TCM ist das Milz-Qi von zu viel Süßem überfordert und es entsteht Feuchtigkeit. Salzige Zutaten helfen durch ihren austrocknenden Effekt zwar kurzfristig der Milz, sie entziehen aber auch anderen Organen Blut und Säfte, wodurch erst recht ein Ungleichgewicht entsteht. Bei Fortschreiten dieser Tendenz wird schließlich im Gewebe Wasser eingelagert und Ödeme entstehen. Zu salziges Essen überlastet die Nieren, die während der Schwangerschaft ohnehin schon mehrfach gefordert sind. Die Nieren sind für den Wasserhaushalt und die Ausscheidung von Wasser aus dem Körper zuständig. Sie werden in der Schwangerschaft durch die körperliche Einengung seitens des Fötus und durch die erhöhte Bereitstellung von Yang-Qi und Jing-Qi für Mutter und

Kind belastet. Unterstützend für die Nieren sind Lebensmittel aus dem Wasserelement wie Fisch, Hülsenfrüchte, Agar-Agar und kleine Mengen Algen. Algen enthalten auch viele Mineralstoffe wie z. B. Jod.

Was tun bei Wassereinlagerungen/Ödemen?

Im letzten Schwangerschaftsdrittel ist es normal, dass nach längerem Stehen oder abends die Beine dicker werden, ohne dass andere Symptome auftreten. Wenn bereits früher Wasseransammlungen in Armen oder Beinen auftreten, dann kann ein energetisches Ungleichgewicht die Ursache sein. Besteht ein chronischer Qi-Mangel der Milz, kann dies in der Folge zu einer Milz-Yang-Schwäche führen, die sich durch ein aufgedunsenes Gesicht und geschwollene Augen am Morgen, breiigen Stuhl, Durchfall, blasse Gesichtsfarbe, Appetitlosigkeit, Kraftlosigkeit, Schweregefühl in Armen und Beinen und mangelndes Durstempfinden äußern kann. Durch den Yang-Mangel fehlt die Verdauungskraft (Verdauungsfeuer) und die aufgenommene Nahrung wird nicht ausreichend transformiert bzw. verstoffwechselt. Dadurch verstärkt sich der Nährstoff- und Energiemangel und Wassereinlagerungen sind die Folge.

Wenn Sie davon betroffen sind, gilt es, konsequent Rohkost, ein Übermaß an kalten Mahlzeiten und Milchprodukte zu meiden. Stärken Sie die Milzfunktion durch Suppen und bekömmliche Speisen aus Gemüse (Frühlingszwiebeln, Fenchel, Karotten, Kürbis, Kartoffeln) und Getreide (Hirse, Reis, Haferflocken), ergänzt mit Fleisch und Fisch, und würzen Sie mit Sternanis, Kümmel, Muskat, Ingwer, Rosmarin oder Basilikum. Auch Tees aus Gewürzen wie Thymian, Fenchelsamen, Ingwer oder Kümmel helfen.

Ein weiterer Grund für Ödeme kann eine Yang-Schwäche der Nieren sein, die ja durch die Schwangerschaft bereits sehr strapaziert werden. Die Symptome eines Nieren-Yang-Mangels sind ein Kältegefühl am unteren Rücken und im Pobereich, Abneigung gegen Kälte, starke Erschöpfung, Rückenschmerzen, Kurzatmigkeit und Wasser-

Gerstenwasser

Bei Wassereinlagerungen in den Beinen ist Gerstenwasser besonders empfehlenswert.

Dazu 100 Gramm Gerste über Nacht in zwei Litern Wasser einweichen. Einweichwasser weggießen, Gerste waschen und in zwei Litern frischem Wasser aufkochen. Zwei halbierte, getrocknete Feigen, eine Zimtstange, eine Scheibe Ingwer, fünf bis sieben Gewürznelken, fünf Kardamomkapseln, eine Prise Salz, geriebene Schale und den Saft einer halben Zitrone zugeben. Am einfachsten geht es, wenn sämtliche Gewürze in einem Teesäckchen zugegeben werden, dann lassen sie sich danach leicht entfernen. Die Gerste etwa eine Stunde zugedeckt köcheln lassen. Dann zwei Teelöffel getrocknete Mandarinen- oder Orangenschalen zugeben und eine weitere halbe Stunde köcheln lassen. Die Gerste abseihen und das Gerstenwasser in einem Krug auffangen. Die Gerste kann für einen Gerstenbrei weiterverwendet werden. Das Gerstenwasser mit einem halben Liter Trauben- oder Birnensaft und etwas Kakaopulver verfeinern, bei Bedarf mit Honig süßen. Gerstenwasser kann im Kühlschrank drei bis vier Tage aufbewahrt werden.

einlagerungen in den unteren Körperpartien. Durch den Energiemangel sind die Nieren zu schwach, um Wasser auszuscheiden, und deshalb entstehen die Wassereinlagerungen im Gewebe. Neben dem Aufbau der Milz sollte hier Augenmerk auf das Vermeiden von kühlenden Lebensmitteln gelegt werden, d. h. keine großen Mengen an kaltem Wasser (oder Mineralwasser) trinken, besser auf heißes Wasser und Suppen oder Kompotte ausweichen. Rohkost und sehr salzige Speisen sollten zusätzlich gemieden werden. Den Yang-Aufbau der Niere unterstützen Lammfleisch, Wildfleisch, Räucherlachs, Nieren (Rind, Schwein, Wild), geröstete Getreide (Buchweizen, Hirse, Haferflocken), Bockshornkleesamen, Rosmarin, Lauch, Süßkartoffeln und Maroni (Esskastanien).

Achten Sie auf Ihren Körper.

Was tun bei chronischer Müdigkeit und Erschöpfung?

Eine Schwangerschaft bedeutet eine große Umstellung für eine Frau, für ihren Körper, ihre Gefühlswelt und ihre Ressourcen. Phasen mit ausgeprägter Müdigkeit treffen fast jede Frau während der Schwangerschaft. Die Müdigkeit ist häufig ein Zeichen dafür, dass sich das Kind Qi (Energie) und Yin (Blut und Säfte) von der Mutter holt. Das ist für die Mutter anstrengend und ermüdend. Dem ist mit der richtigen Ernährung gut und schnell entgegenzuwirken. Qi steht für Energie, deren Produktion stark davon abhängt, welche Nahrung wir dem Körper zuführen. Nach der TCM ist das wichtigste daran beteiligte Organ die Milz, die süßen Geschmack liebt und es bekömmlich bevorzugt. Lebensmittel mit natürlicher Süße wie gekochtes Obst und Gemüse (z. B. Apfel, Birne, Karotte, Kürbis, Mais und Rüben) wirken nährend für das Qi. Je mehr gekochte Nahrung dem Körper zugeführt wird, desto mehr kann sich die Milz regenerieren, und folglich kann mehr Energie produziert werden. Jeder Kochprozess ist eine Art Vorverdauung, die den Verdauungstrakt entlastet. Auch tierische Produkte wie Fleisch und Eier stärken das Qi und sollten auf dem Speiseplan einer Schwangeren nicht fehlen. Blutstärkende Lebensmittel sind rote Obst- und Gemüsesorten wie Kirschen, Beeren, Zwetschken (Pflaumen), Rote Rüben und Tomaten. Grünes Blattgemüse wie Spinat oder Mangold ist reich an Eisen und stärkt das Blut.
Gönnen Sie sich zusätzlich ausreichend Ruhe und Schlaf, viel frische Luft und Bewegung. Vor allem Spaziergänge steigern das Qi und fördern seinen Fluss. Durch die vertiefte Atmung wird eine gute Versorgung aller Zellen unterstützt.

Endlich ist die lange Wartezeit vorbei.

Was tun bei Hitzegefühlen?

Während der Schwangerschaft gehen viele Säfte (Yin) an das Kind, und auch das Yang (Wärme, Dynamik) im Körper der Mutter nimmt zu. Je nachdem wie die Grundkonstitution der Mutter bei Eintritt der Schwangerschaft war, kann diese Zunahme des Yang stärker oder schwächer ausgeprägt sein. Manche Frauen haben vorher häufig gefroren und stellen in der Schwangerschaft erstmals ein angenehmes, gewärmtes Körpergefühl fest. Andere waren vorher schon eher „hitzig" und durch die Schwangerschaft verstärkt sich das Hitzegefühl mit letztendlich unangenehmen Ausprägungen wie Hitzewallungen, rotem Gesicht, übermäßigem Schwitzen, viel Durst, innerer Unruhe, Schlafstörungen, heißen Handflächen und Fußsohlen oder auch Bluthochdruck. Hier hilft es, den Körper mit kleinen Mengen Rohkost, Salat, Obst und Milchprodukten zu erfrischen, idealerweise immer in Kombination mit gekochten, bekömmlichen Mahlzeiten. Auch Kräutertees (Melisse, Pfefferminze, Malven oder Hibiskus) wirken innerlich erfrischend. Damit die Hitzegefühle nicht durch Lebensmittel zusätzlich verstärkt werden, gilt es, Zwiebeln, Knoblauch, Kaffee, Schwarztee, scharfe Gewürze, Lamm und Geräuchertes zu meiden. Auch Stress, Hektik, Bildschirmarbeit, spätes Essen und Zubettgehen schaden.

Wenn das Baby kommt

Endlich ist es so weit und die Schwangerschaft neigt sich dem Ende zu. Das zu tragende Gewicht des ungeborenen Kindes wird von Tag zu Tag beschwerlicher und meist wird der Geburtstermin schon freudig erwartet. Je nach Lage des Kindes ist zu diesem Zeitpunkt meist nicht mehr viel Platz im Bauchraum. Dadurch ist der Magen empfindlich und verträgt nur noch kleine Mengen, sonst reagiert er mit Sodbrennen, Aufstoßen oder Übelkeit. Gegen Ende der Schwangerschaft sind daher mehrere kleine Mahlzeiten über den Tag verteilt bekömmlicher als wenige große. Wenn der Geburtstermin laut Kalender schon vorbei ist, das Baby aber noch auf sich warten lässt, können Sie versuchen mit scharfen (Pfeffer, Chili, Curry, Knoblauch) oder bitteren Zutaten (Chicorée, Endiviensalat, Rucola, Kakao) die Wehentätigkeit anzuregen.

Sobald die ersten Wehen einsetzen, kann man nie vorhersehen, ob es nun noch zwei, zehn oder gar zwanzig Stunden dauert, bis das Baby das Licht der Welt erblickt. Aus diesem Grund sollten Sie bereits Tage vor dem geplanten Geburtstermin beginnen, kräftigende, aber leichte Kost zu sich zu nehmen, etwa Kraftsuppen mit Getreide, Fleisch und Gemüse.

Da viele Frauen während der Geburt zumindest kurzzeitig starke Übelkeit empfinden oder gar erbrechen müssen, ist an Essen und Trinken oft nicht zu denken. Je nach Intensität und Frequenz der ersten Wehen ist es Ihnen aber vielleicht möglich, mit kleinen Schlucken eine Suppe oder Wasser zu trinken. Der Flüssigkeitsverlust kann während der Geburt sehr hoch sein. Ideale Getränke sind verdünnte rote Frucht- und Gemüsesäfte aus Preiselbeeren, Kirschen, Holunderbeeren, Johannisbeeren, Roten Rüben und Karotten. Auch Molkegetränke, Kraftbrühen, Kompotte oder Obstmus können kurzfristig für Energie sorgen.

Die Geburt selbst ist ein einschneidendes Erlebnis für Mutter und Kind und kostet beide viel Kraft. Nach den ersten Momenten der Freude, Stille und Einkehr beginnen eine Menge Aktivitäten. Das Neugeborene muss gestillt, gewickelt und umsorgt werden. Die Mutter braucht aber auch Zeit für sich und ihre Körperpflege. Sie hat ein großes Schlafbedürfnis, soweit dies das Kind erlaubt. Damit der Energiehaushalt der Mutter – sie benötigt für das Stillen weiterhin viel Qi – wieder ins Lot kommt, werden ab der Geburt für einige Wochen Kraftsuppen empfohlen.

Stärkende Kraftsuppen

Kraftsuppen haben eine lange Tradition. Die „Zaubergetränke“ wurden schon immer gern bei Krankheit oder Rekonvaleszenz eingesetzt und spielen nicht nur in der TCM, sondern auch in der traditionellen westlichen Heilkunde nach der Geburt eine große Rolle. Sie helfen die Lebensqualität zu steigern und schnell wieder Energie zuzuführen. Von der Wirkung tonisieren sie Qi und Blut (Yin-Aufbau), wärmen die „Mitte“ und füllen die Essenz (Jing) der Nieren wieder auf. Kraftsuppen mit Huhn, Wurzelgemüse und viel Petersilie sind die beste Vorbeugung gegen den sogenannten Babyblues (Wochenbettdepression). Fast jede Kultur hat diverse Kräuter und Wurzeln, die speziell für Kraftsuppen geeignet sind. Besonders intensiv haben sich die Chinesen mit diesem Thema auseinandergesetzt. Über Jahrtausende wurde das Kräuterwissen bewahrt und ausgeweitet. Immer häufiger finden diese Gewürze und Kräuter auch den Weg in unsere Küchen.

Hier einige Beispiele:

- **Engelwurz** (chin. Dang Gui) besitzt ausgezeichnete Eigenschaften als Suppenkraut. Das starke Aroma bringt eine gute Würze. Suppen mit Engelwurz wirken kräftigend, blutbildend und helfen auch bei Anämie oder Eisenmangel. Bitte Vorsicht: Engelwurz kann Wehen auslösen, daher niemals während der Schwangerschaft, sondern nur nach der Geburt für Kraftsuppen verwenden!
- **Astragalus** (chin. Huang Qi) und **Ginseng** (chin. Ren Shen) stärken das Immunsystem und sind gute Kräftigungsmittel. Der leicht süßliche Geschmack und das milde Aroma tun besonders bei Erschöpfung und Müdigkeit sehr gut.
- **Chinesische Datteln** (chin. Da Zao) sind ein weiterer fixer Bestandteil der asiatischen Suppenküche. Sie stärken den Magen, schmecken süß und harmonisch und helfen vor allem beim Blutaufbau.
- Der **Poriapilz** (chin. Fu Ling) ist zwar etwas fad im Geschmack, aber er hat eine leicht entwässernde Wirkung und stärkt das Verdauungssystem. Die entstauende Wirkung ist besonders bei geschwollenen Beinen hilfreich.

Auch die bei uns traditionellen Kräuter Liebstöckel, Bertram oder Galgant können als Zutat in Kraftsuppen eingesetzt werden.
Im Rezeptteil mit den therapeutischen Rezepten finden Sie einige Beispiele für Kraftsuppen, die vor allem zur Stärkung und Gesunderhaltung beitragen sollen. Sollten bei Ihnen spezielle Beschwerden auftreten, sprechen Sie bitte mit Ihrem TCM-Arzt oder suchen eine Ernährungsberatung auf, damit ein für Sie „maßgeschneidertes" Rezept erstellt werden kann.

Die Stillzeit beginnt

Wenn Schwangerschaft und Geburt überstanden sind, kommt das nächste Thema auf die frischgebackene Mutter zu: das Stillen. Muttermilch und die innige Nähe beim Stillen sind für das Kind die logische Fortsetzung dessen, was es noch vor kurzer Zeit im Bauch der Mutter erfahren hat. Der Säugling kann aus der Muttermilch die meiste Energie gewinnen, ohne dass der zarte Verdauungstrakt belastet wird. Das Kind wird auch nur so viel trinken, wie es braucht. In den ersten Tagen sollten Sie das Kind so oft anlegen, wie es will. Das ist wichtig, um die Milchproduktion anzuregen. Die sogenannte Vormilch ist sehr eiweißreich und hochkalorisch. Es reichen oft wenige Tropfen für die Sättigung des Kindes. Nach drei bis fünf Tagen geht der Eiweißgehalt zugunsten des Fett- und Kohlenhydratanteils zurück, die Muttermilch schießt ein. Die Qi-aufbauende Wirkung zeigt sich im mild süßlichen Geschmack der Milch.
In dieser ersten Zeit ist es wichtig, keine die Milchbildung fördernden Maßnahmen zu ergreifen, da es mitunter sehr schmerzhaft sein kann, wenn die viele produzierte Milch nicht getrunken wird. Innerhalb der ersten Wochen pendelt sich der Stillrhythmus bei Mutter und Kind ein. Die Verdauungsorgane brauchen Zeit zum Arbeiten, damit die Nahrung optimal transformiert und umgewandelt werden kann. Trinkt das Kind zu viel oder zu häufig, dann kann es zu Nahrungsstagnation und Verdauungsstörungen kommen. Um die Milz und den noch unreifen Verdauungstrakt nicht zu überfordern, sind daher maximal sieben Brustmahlzeiten in 24 Stunden empfehlenswert. Dies sollte sich zum sechsten Lebensmonat hin auf etwa fünf Mal reduzieren. Achten Sie aber auf alle Fälle mehr auf die Bedürfnisse Ihres Kindes als

auf die Uhr! Prinzipiell empfiehlt die WHO (Weltgesundheitsorganisation), dass der Säugling mindestens sechs Monate voll gestillt werden soll.
Nun geht es zwar in der Stillzeit natürlich in erster Linie darum, das Baby zu ernähren. Aber auch die Mutter darf keinesfalls zu kurz kommen. Sie muss gerade in den ersten Wochen nach der Geburt Qi und „Essenz" wiederaufbauen. Um ausreichend Muttermilch zu haben, sollte zudem das Blut genährt werden. Zum Thema Aufbau von Qi und „Essenz" der Mutter lesen Sie mehr im nächsten Abschnitt.

Essen und Trinken nach der Geburt

Während der Stillzeit ist es wichtig, dass die Mutter gut auf sich achtet. Für ein neugeborenes Baby zu sorgen ist sehr anstrengend. Die Kraft und Energie für diese Herausforderungen bekommen Sie durch nährstoffreiches, gesundes Essen. Vielleicht können Sie schon vor der Geburt jemanden aus der Familie damit beauftragen, gleich nach der Geburt einkaufen zu gehen und eine Kraftsuppe für Sie herzustellen. Davon trinken Sie dann täglich ein bis zwei Tassen oder essen einmal täglich einen Suppeneintopf mit Gemüse, Hühnerfleisch oder Fisch. Ideal wäre, wenn Sie in den ersten vier bis sechs Wochen in Küche und Haushalt unterstützt werden. Lassen Sie sich kulinarisch verwöhnen mit gedünsteten, gekochten, leicht bekömmlichen Gemüse-Getreide-Gerichten, kombiniert mit Fleisch und Fisch. Dazu frisches Obst oder Kompott und hin und wieder auch eine stärkende Süßspeise. Wohltuende Rezepte für Frühstück, Mittag- und Abendessen finden Sie im Rezeptteil. Achten Sie auf die Flüssigkeitszufuhr und trinken Sie viel. Der Körper benötigt viel Flüssigkeit, um Muttermilch zu produzieren. Das beste Getränk ist Wasser, ergänzt mit verdünnten Säften aus Obst und Gemüse (Karotte, Johannisbeere, Erdbeere, Kirsche, Roter Rübe oder Birne) oder ungezuckerten Tees. Saure Säfte aus Zitrusfrüchten können bei Säuglingen einen wunden Po auslösen und sollten besser gemieden werden. Vermeiden Sie auch Limonaden oder Colagetränke und andere koffeinhaltige Getränke. Koffein (enthalten in Kaffee, Tee, Schokolade) kann Reizbarkeit und Unruhe bei Ihnen und Ihrem Baby auslösen. Eine bekömmliche Alternative zu Kaffee ist koffeinfreier Kaffee oder Getreidekaffee. Wenn Sie sich mit dem Trinken schwertun, können Sie auf Suppen, Kompotte und Breie ausweichen.
Der Energiebedarf steigt in der Stillzeit im Vergleich zur Schwangerschaft nochmals an. Im Durchschnitt produziert eine Frau täglich ca. 800 Milliliter Muttermilch, was einer Kalorienmenge von ca. 550 Kilokalorien entspricht. Auch der Vorgang der Milchproduktion benötigt Energie.

Die Milchbildung fördern

Wenn dem Körper ausreichend suppige, saftige und energiereiche Nahrung zugeführt wird, steht einer guten Milchproduktion nichts im Wege. Trotzdem stellt sich manchmal die Frage: Was ist zu tun, damit die Milchproduktion steigt?
Ein Mangel an Milch kann durch äußere oder innere Kälte verursacht sein. Thermisch kalte Nahrungsmittel (Südfrüchte, Milchprodukte), ein Übermaß an Rohkost und Eisgekühltem hemmen die Milchbildung und führen zu Stagnation. Eine ausgewogene Ernährung mit ein bis zwei gekochten Mahlzeiten täglich in Kombination mit Salat, Obst oder Kompott ist Voraussetzung für einen

konstanten Milchfluss. Stillende sollten sich prinzipiell sehr blutstärkend und aufbauend ernähren, weil nach der TCM aus dem Blutüberschuss die Muttermilch entsteht. Zu den blutbildenden Lebensmitteln zählen alle roten Obst- und Gemüsesorten und die Säfte daraus.

Wenn dies nicht ausreicht, können folgende Tipps helfen:

- **Gerste** fördert die Milchbildung. Einige Löffel Gerste über Nacht eingeweicht und anschließend in frischem Wasser für 90 Minuten gekocht ergibt Gerstenwasser, das mit Fruchtsaft, Kakao, Kardamom und Zimt verfeinert getrunken werden kann (ausführliches Rezept siehe Seite 20).
- Auch **gerösteter Sesam** mit einer Prise Salz – in kleinen Mengen über den Tag verteilt genossen – fördert den Milchfluss.
- **Malzbier** wurde früher Stillenden empfohlen. Es wird heute aber kaum mehr erzeugt. Alternativ können Malzgetränke oder auch alkoholfreies Bier verwendet werden. Die darin enthaltene Hefe enthält wichtige B-Vitamine, die die Milchbildung unterstützen.
- Ein **Tee aus Fenchel, Anis und Kümmel** – in gleichen Teilen – unterstützt die Milchbildung. Die Gewürze mischen, 1 Teelöffel davon mörsern, mit einem halben Liter Wasser 10 bis 15 Minuten köcheln und abseihen.
- Ein **Tee aus Hafer** wirkt ebenfalls milchbildend. Dazu werden 100 Gramm Hafer in zwei Litern Wasser eine Stunde gekocht. Den Hafer abseihen und anderweitig verwenden. Den Hafertee mit Kirschsaft oder rotem Traubensaft, Honig oder Ahornsirup abschmecken.
- **Tee aus Maishaar und Süßholzwurzeln** regt ebenfalls den Milchfluss an. Dazu zwei bis drei Esslöffel Maishaar und eine halbe Süßholzwurzel mit einem halben Liter Wasser 30 Minuten köcheln und abseihen.
- Bekannt ist auch der **Stilltee,** zubereitet aus je gleichen Teilen Johanniskraut, Himbeerblättern, Melissenblättern, Schafgarbenkraut, Zinnkraut, Brennnesselkraut und Frauenmantel.

Salbei- oder Pfefferminztee bitte meiden, wenn Sie die Milchbildung anregen wollen. Andersherum können Sie aber auf diese Tees zugreifen, wenn Sie die Milchbildung drosseln möchten, z. B. bei einer drohenden Brustentzündung. Ist die Brust sehr prall, kann diese unter einer heißen Dusche ausgestreift werden. Holen Sie sich in diesem Fall Unterstützung von Ihrer Hebamme oder Stillberaterin.

Muttermilch – das Beste für Ihr Kind

Für viele stellt sich schon während der Schwangerschaft die Frage, ob und wie lange das Baby gestillt werden soll. Fest steht, dass Muttermilch für die ersten sechs Monate die gesündeste Variante der Säuglingsernährung ist. Muttermilch hat die perfekte Zusammensetzung, um das Kind von Anfang an zu unterstützen. Gestillte Säuglinge sind nachweislich seltener krank als Flaschenkinder. Außerdem ist Muttermilch immer hygienisch einwandfrei „verpackt" und jederzeit richtig temperiert vorhanden. Somit punktet sie auch in praktischer Hinsicht. Der einzig negativ besetzte Punkt ist die mögliche Schadstoffbelastung der Muttermilch, die aber durch den Griff zu biologischen Lebensmitteln sehr gering gehalten werden kann.
In der TCM hat man die Vorstellung, dass die Muttermilch aus dem mütterlichen Blut gebildet wird. Das ist zwar so nicht ganz richtig, aber der Zusammenhang mit ausreichend Blut und Säften, die den Milchfluss fördern, ist naheliegend. Aus diesem Grund ist es empfehlens-

wert, den Blutaufbau zu unterstützen. Sollten Sie aus medizinischen oder sonstigen Gründen nicht stillen können, besprechen Sie mit Ihrer Hebamme oder dem Arzt die alternativen Möglichkeiten.

Geschmacksprägung beginnt im Mutterleib

Die Muttermilch wird geschmacklich durch die mütterliche Ernährung geprägt. Wenn die Mutter etwa viele Marillen (Aprikosen) gegessen hat, dann duftet die Milch danach. Auch ätherische Öle von Gewürzen werden geschmacklich übertragen (z. B. Curry, Knoblauch, Zwiebel). Die Geschmacksprägung des Kindes beginnt aber schon früher, nämlich bereits während der Schwangerschaft. Die aufgenommene Nahrung beeinflusst den Geschmack des Fruchtwassers, und so lernt das Kind bereits im Bauch verschiedene Geschmäcke kennen. Wenn Sie sich während der Stillzeit im Großen und Ganzen so ernähren wie in der Schwangerschaft, dann wird das Kind auch ausgeprägte Geschmacksnuancen schon kennen und mögen. Neue Lebensmittel mit intensivem Geschmack können aber einen fremdartigen Geschmack in der Muttermilch auslösen, was das Kind dazu veranlasst, sich nach dem ersten Schluck Muttermilch abzuwenden. Ebenso ablehnend verhalten sich Babys, wenn die Milch nach starker sportlicher Betätigung leicht säuerlich schmeckt oder Geruchs- und Geschmacksstoffe von Parfums, Zigaretten oder Alkohol über die Muttermilch übertragen werden. Verzichten Sie daher darauf und starten Sie Ihr sportliches Training langsam, ohne schweißtreibende Anstrengung.

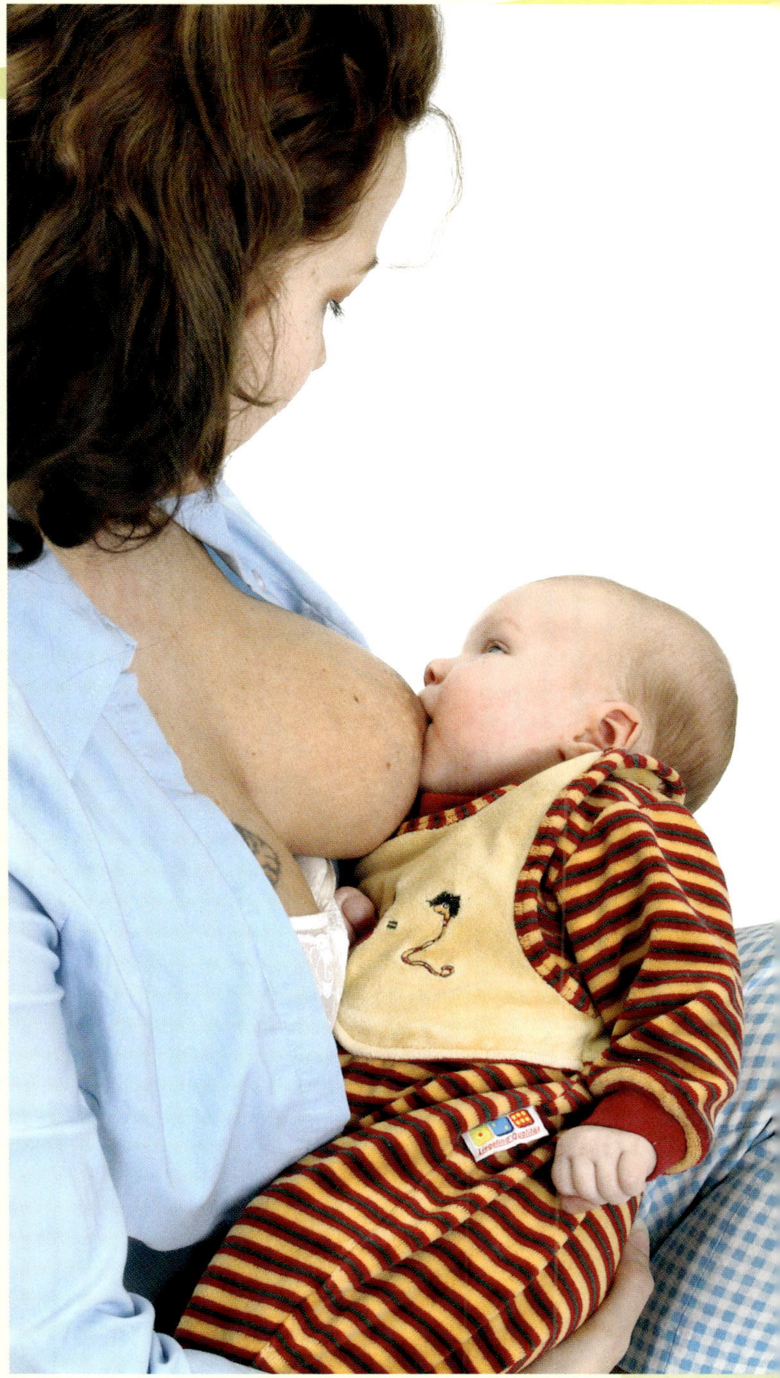

Muttermilch – perfekt auf das Kind abgestimmt

Was tun bei Blähungen und Koliken?

Nahezu jede frischgebackene Mutter ist damit konfrontiert, dass das Kind mehr oder weniger häufig an Blähungen oder Koliken leidet. Das hat oft anatomische Gründe; die Darmschlingen im Bauchraum des Kindes haben ihre endgültige Lage noch nicht eingenommen. Bis sie sich eingebettet haben und eine einwandfreie Passage des Darminhalts möglich ist, kann Bauchweh auftreten. Schaukeln, Tragen und sanftes Massieren von Bauch oder Fußgewölbe können Linderung schaffen. Auch das Wiegen des Kindes auf dem Unterarm hilft: Legen Sie dazu das Baby mit dem Bauch nach unten auf Ihren Arm, das Köpfchen sollte leicht erhöht bei Ihrem Ellbogen liegen. Die Hand wärmt dabei den Bauch des Kindes. Wichtig: Auf lockere Kleidung achten, damit nichts den Bauch einengen kann.

Blähungen können aber auch durch blähende Bestandteile der Mutternahrung ausgelöst werden. Um eine Überforderung des noch nicht ausgereiften Verdauungstrakts des Kindes zu vermeiden, wird Müttern häufig empfohlen, auf blähende Lebensmittel zu verzichten. Wissenschaftlich ist kein direkter Zusammenhang nachweisbar, wohl auch, weil jede Frau und jedes Kind anders reagieren. Bekanntermaßen ungünstig wirken sich zu große Mengen an Milchprodukten oder Käse aus.

Versuchen Sie bei starken Blähungen Ihres Babys für eine Woche sämtliche Milchprodukte zu meiden. Wenn dann eine deutliche Besserung eintritt, achten Sie während der Stillzeit auf die Zufuhr kalziumreicher Lebensmittel aus anderen Quellen (siehe auch Seite 17) oder ergänzen Sie kurzfristig mit einem Kalziumpräparat. Andere blähende Zutaten sind Kohlgemüse (Brokkoli, Karfiol, Kohlsprossen, Weißkraut, Rotkraut) und Lauchgemüse (Zwiebel, Knoblauch). Auch Vollkorngetreide mit dicken Schalen und im Ganzen (Dinkel, Grünkern, Roggen, Weizen, Hafer), Hülsenfrüchte (Bohnen, Linsen, Soja), frisches Brot, kohlensäurehaltige Getränke (Mineralwasser, Cola, Limonaden), Nüsse, Schokolade, Pilze oder Rohkost können Blähungen verursachen.

Sie sollten aber nicht von vornherein alle möglicherweise blähenden Lebensmittel meiden und so Ihren Speiseplan eintönig und kompliziert gestalten. Sinnvoll ist aber sicherlich, nicht alle blähenden Zutaten in einer Mahlzeit zu vereinen. Eine schmackhafte Alternative zu frischem, blähendem Brot und Gebäck mit Hefe sind Roggenbrot aus Sauerteig oder (getoastete) Dinkelbrötchen.

Bauen Sie in Ihre Ernährung auch mehr Kümmel, Majoran und Thymian ein, die beruhigenden Inhaltsstoffe gehen in die Muttermilch über. Bei anhaltenden Beschwerden kann ein Tee aus Kümmel, Fenchel und Anis Linderung verschaffen – sowohl für die Mutter als auch für das Kind.

Achten Sie zudem auf Ihre psychische und emotionale Gefühlslage. Stress, Unzufriedenheit oder Ärger sind sehr belastend und führen zu einem Leber-Qi-Stau oder zu einer „Leberhitze". Das macht die Milch „sauer" und wirkt sich negativ auf das Baby aus.

Hören Sie aber nicht deswegen vorzeitig zu stillen auf! Gerade in schwierigen Phasen braucht Ihr Kind die Inhaltsstoffe der Muttermilch, damit sich das Verdauungssystem mit gesunder Darmflora entwickeln kann. Im Normalfall regulieren sich die Beschwerden nach wenigen Wochen. Wenn die Koliken länger als drei Monate anhalten, kann ein Osteopath oder TCM-Arzt eventuell mit Akupressur unterstützen.

Algen und Adukibohnen

Gebrauchsanweisung

Die Auswahl an Rezepten ist gegliedert in Frühstück, Mittag- und Abendessen, Desserts und therapeutische Rezepturen, die Sie vor allem zur Stärkung und bei Befindlichkeitsstörungen einsetzen können. Die Gerichte in diesem Buch sind allesamt schnell zubereitet und die Zutaten richten sich nach dem saisonalen Angebot. Bei den therapeutischen Rezepturen wurden teilweise auch „exotischere" Zutaten bzw. chinesische Kräuter verwendet. Eine Bezugsquelle für chinesische Kräuter und Teemischungen in kontrollierter Qualität finden Sie im Anhang. Im Normalfall können die Kräuter auch in Apotheken bezogen werden, die chinesische Kräuterrezepturen im Angebot führen. Getrocknete Algen und Adukibohnen (auch Adzukibohnen) sind in Bioläden und Reformhäusern erhältlich. Von einem Kauf in Chinaläden wird abgeraten, weil die Herkunft oft nicht geklärt ist und es nicht ausgeschlossen werden kann, dass die Zutaten mit Schwermetallen oder Schadstoffen belastet sind. Wenn bei Zitrusfrüchten die Schale benötigt wird, bitte immer unbehandelte, am besten biologische Früchte verwenden.

Die Rezepte sind, wenn nicht anders angegeben, für zwei Portionen berechnet. Beachten Sie bitte, dass die Mengenangaben Näherungswerte sind. Gemüse, Getreide und Hülsenfrüchte sind lebendige Produkte, und es wird das eine Mal mehr von dieser und das andere Mal mehr von jener Zutat benötigt.

Die Zutaten in den Rezepten sind mit den Symbolen für die fünf Elemente Holz, Feuer, Erde, Metall und Wasser gekennzeichnet.

Frühstück

Mandelgrießbrei mit Marillenkompott

125 ml (Soja- oder Reis-)Milch
3 EL Mandelmus
1 TL Honig
4 Marillen

1 Prise Kardamompulver

125 ml Wasser

6 EL (ca. 100 g) Dinkel- oder Kamutgrieß

1 Prise Kakaopulver

In einem Topf Milch mit Kardamompulver und Wasser aufkochen. Grieß und Kakaopulver einrühren und unter Umrühren 4 bis 5 Minuten zu einem Brei einkochen.

Den Topf vom Herd nehmen und kurz nachquellen lassen. Den Brei mit Mandelmus und Honig verfeinern.

Inzwischen die Marillen waschen, entkernen und in kleine Würfel schneiden. Die Obstwürfel in zwei Schüsseln verteilen und den Mandelgrießbrei noch warm darüber verteilen.

Mandelmus

Mandelmus ist im Reformhaus oder Bioladen erhältlich und besteht zu 100 Prozent aus Mandeln. Besonders fein schmeckt das weiße Mandelmus aus geschälten Mandeln, welches auch gut zum Verfeinern von Soßen oder als Brotaufstrich geeignet ist. Nussallergiker vertragen Mandelmus meist gut. Sämtliche Nüsse und Samen stärken nach der TCM die Essenz (Nierenenergie) – vor allem aufgrund ihres hohen Gehalts an gesunden Fetten, Vitaminen und Mineralstoffen.

Aufstrich aus Bohnen und Linsen

Bohnenaufstrich
1 EL Olivenöl
2 EL Walnussöl

4 Salbeiblätter

1 Knoblauchzehe
Pfeffer aus der Mühle
1 Prise Korianderpulver

150 g weiße Bohnen, gekocht
100 ml Wasser oder Gemüsebrühe
1 Prise Salz

Saft einer halben Zitrone
1 Becher Kresse

Linsenaufstrich
1 Tasse rote Linsen
1 Tasse Wasser
1 Prise Salz

1 Lorbeerblatt
1 kleine Zwiebel
1 Prise Korianderpulver
1 Prise Majoran, getrocknet

1/2 Bund Petersilie

1 Zweig Bohnenkraut

1 EL Butter

Bohnenaufstrich: In einem Topf Olivenöl erhitzen und die Salbeiblätter darin anschwitzen. Knoblauchzehe schälen, in Scheiben schneiden und kurz mitrösten. Die gekochten Bohnen zugeben und mit Wasser oder Gemüsebrühe aufgießen. Kurz aufkochen lassen und mit Pfeffer, Koriander und Salz abschmecken. Mit dem Stabmixer zu feinem Püree verarbeiten und auskühlen lassen. Das Bohnenpüree mit Zitronensaft, Kresse und Walnussöl zu einem Aufstrich verarbeiten.

Linsenaufstrich: Linsen waschen und in einem Topf mit Wasser und Lorbeerblatt aufkochen. Die Zwiebel schälen, fein hacken, zu den Linsen geben und diese etwa 12 Minuten weich kochen. Bei Bedarf noch etwas Wasser zugeben.
Die Linsen dann in einer Schüssel auskühlen lassen und mit Koriander, Majoran und Salz abschmecken. Petersilie und Bohnenkraut fein hacken. Kräuter mit Butter unterrühren und den Aufstrich im Kühlschrank gut durchkühlen lassen.

Küchentipp

Die Aufstriche mit getoastetem Roggen- oder Dinkelbrot servieren. Schmeckt gut als Frühstück oder auch als Beilage zu einer Gemüsesuppe.

Ofenkartoffeln mit roten Linsen

2 große Kartoffeln, mehlig kochend
1 Karotte

100 g rote Linsen
300 ml Wasser oder Gemüsebrühe
1 Prise Salz

Saft einer halben Zitrone
1/2 Bund Petersilie oder Koriander
2 EL Sauerrahm

1/2 TL Kurkumapulver (Gelbwurz)

1 kleine Zwiebel
Pfeffer aus der Mühle

Backofen auf 220 °C vorheizen. Kartoffeln waschen und in Alufolie einwickeln. Die Kartoffeln dann im Backofen 50 bis 60 Minuten backen.

In der Zwischenzeit die Linsen waschen und mit Wasser oder Gemüsebrühe, Zitronensaft und Kurkumapulver in einem Topf aufkochen. Karotte waschen, putzen, klein würfeln. Zwiebel schälen und fein hacken. Karotte und Zwiebel zu den Linsen geben und 10 Minuten weich kochen. Mit Pfeffer und Salz abschmecken.

Die Linsen vom Herd nehmen. Petersilie oder Koriander fein hacken und mit dem Sauerrahm zu den Linsen geben. Alles gut verrühren. Die Kartoffeln aus der Folie nehmen, der Länge nach halbieren und mit dem Linsenpüree anrichten.

Kartoffeln

Kartoffeln sind aufgrund ihres hohen Stärkegehalts leicht verdaulich und sehr bekömmlich. Der leicht süßliche Geschmack stärkt das Qi und die Milz. Kartoffeln verbessern nach der TCM die Verdauung, regenerieren die Haut und senken den Cholesterinspiegel. Wichtig ist eventuell vorhandene grüne Stellen (enthalten Solanin) wegzuschneiden und Kartoffeln, die bereits ausgetrieben haben, nicht mehr zu verwenden.

Hirsemüsli

1/2 Tasse Hirse
2 EL Mandeln, ganz
1 EL Rosinen
1 Birne
1 Prise Zimtpulver
2 TL Ahornsirup
2–3 EL Schlagobers

1 Kardamomkapsel

1 Prise Salz

Saft einer halben Zitrone

1 TL Zitronenschale, fein gerieben

Hirse in einem Sieb waschen und mit der doppelten Menge Wasser zum Kochen bringen. Die Hirse für einige Minuten kochen. Die Mandeln fein hacken und mit den Rosinen zur Hirse geben. Weitere 10 Minuten auf kleiner Flamme quellen lassen.

Birne waschen, schälen, Kerngehäuse entfernen und in kleine Würfel schneiden. In einem kleinen Topf 7 EL Wasser erhitzen und die Birnenwürfel mit der Kardamomkapsel, einer Prise Salz, Zitronensaft und Zitronenschale weich dünsten. Die Birnen dann mit der Hirse vermischen. Mit einem Milchschäumer Schlagobers in einem kleinen Becher aufschlagen und ebenfalls zur Hirse geben. In Schüsseln anrichten. Mit Zimt bestreuen und nach Bedarf mit Ahornsirup abschmecken.

Birnen

Birnen sind in unseren Breiten ein beliebtes Obst. Die Volksheilkunde empfiehlt Birnen vor allem gekocht oder gedünstet – das deckt sich gut mit den Empfehlungen der TCM, weil Birnen thermisch als erfrischend eingestuft werden. Durch die Zugabe von wärmendem Zimt oder Nelken wird diese Wirkung ausgeglichen. Nach der TCM wirken Birnen schleimlösend, fördern die Verdauung, bilden Körpersäfte und unterstützen beim Entwässern. Birnenkompott hilft deshalb bei trockenem Husten, Bronchitis, Asthma, Erkältung, aber auch bei Verstopfung oder Bluthochdruck.

Karotten-Polenta-Auflauf

300 ml Wasser oder Gemüsebrühe
30 g Parmesan
1 Prise Salz

100 g Polenta
100 g Karotten
2 EL Butter
1 Ei
Butter zum Einfetten

1/2 TL Ingwer, gerieben
Pfeffer aus der Mühle

2 EL Petersilie, gehackt
2 EL Balsamicoessig

1 Prise Paprikapulver
1 Handvoll Vogerlsalat

Backofen auf 180 °C vorheizen. Wasser oder Gemüsebrühe erhitzen, Polenta einrühren und 4 bis 5 Minuten zu einem Brei einkochen. Karotten waschen, putzen und fein reiben. Parmesan ebenfalls reiben. Die geriebenen Karotten unter die Polenta rühren und nacheinander auch Butter, Ei, geriebenen Ingwer, Pfeffer, Salz, Parmesan, Petersilie und Paprikapulver zugeben. Alles gut vermischen.

Kleine Auflaufförmchen mit Butter einfetten und die Polentamasse einfüllen. Im Backofen 20 bis 25 Minuten backen.

Die Aufläufe kurz abkühlen lassen, dann aus der Form stürzen. Vogerlsalat mit etwas Balsamicoessig beträufeln und den Auflauf darauf anrichten.

Küchentipp

Statt Karotten können auch geriebene Zucchini oder Pastinaken verwendet werden. Der Auflauf schmeckt auch kalt recht gut.

Kokosmilchreis mit Zwetschken

1 Tasse Rundkornreis
oder Mochi-Reis
1 Prise Kardamompulver

150 ml Kokosmilch
(oder 2 EL Kokosflocken)
1/2 Vanilleschote
1 Prise Zimtpulver
2 EL Rohrzucker

1–2 Tassen Wasser
1 Prise Salz

Saft einer halben Zitrone
200 g Zwetschken

Schale einer Zitrone
oder Orange, gerieben

Reis mit Kokosmilch und einer Tasse Wasser aufkochen. Alternativ 2 Tassen Wasser mit 2 EL Kokosflocken und Reis aufkochen. Nach dem Aufkochen auf mittlere Hitze reduzieren. Vanilleschote aufschneiden, das Mark herauskratzen und mit Kardamom und Salz zum Reis geben. Den Reis zugedeckt 15 bis 20 Minuten weich kochen. Bei Bedarf noch etwas Flüssigkeit zugeben.

Die Zwetschken waschen, halbieren, Kerne entfernen und in dünne Spalten schneiden. In einem kleinen Topf die Zwetschken mit Zitronensaft, geriebener Zitronen- oder Orangenschale, Zimt und Zucker kurz weich dünsten. Den Reis auf zwei Schälchen verteilen und mit dem Kompott servieren.

Mochi-Reis

Mochi-Reis – auch Süßreis genannt – ist eine klebrige, eiweißreiche Reisart, die sich besonders für die Herstellung von Süßspeisen eignet. Wegen seiner natürlichen Süße und sättigenden Wirkung ist Mochi-Reis für das Frühstück sehr zu empfehlen. Empfohlen wird Mochi-Reis bei Blutarmut, Blutzuckerschwankungen, Verdauungsschwierigkeiten und in Schwangerschaft und Stillzeit. Eine spezielle Zubereitungsform ist Beifuß-Mochi (Yomogi-Mochi), bei der der Reis mit wild wachsendem Beifußkraut zubereitet wird. Er ist besonders eisen- und kalziumreich und wird in China Frauen nach der Entbindung gereicht.

Gerstensalat

- 200 g gekochte Gerste (ca. 80 g Rohgewicht)
- 2 Äpfel
- 5 Datteln
- 1 EL Mandeln
- 2 EL Schlagobers
- 1 Messerspitze Kakaopulver
- 1 Prise Salz
- 1 Prise Kardamompulver
- Saft einer halben Zitrone

Gekochte Gerste abseihen und in eine Schüssel geben. Die Äpfel waschen, vom Strunk trennen und in kleine Würfel schneiden. In einem Topf in wenig Wasser weich dünsten.

Datteln entkernen und fein schneiden. Die Mandeln fein hacken. Die gedünsteten Äpfel gemeinsam mit Datteln, Mandeln, Kakaopulver, Salz, Kardamompulver und Zitronensaft unter die gekochte Gerste mischen.

Schlagobers mit einem Milchschäumer in einem Becher aufschlagen und zuletzt unter den Salat heben.

Gerste

Gerste hat in Österreich und Deutschland eine lange Tradition. In geschälter und polierter Form nennt man sie Rollgerste oder Graupen. Gerste harmonisiert die „Mitte", tonisiert Qi und Blut und ist besonders wirksam bei Völlegefühl und Verdauungsschwäche. Durch ihren leicht erfrischenden Geschmack hilft sie Hitze auszuscheiden, was bei den durch aufsteigende Hitze ausgelösten Beschwerden am Beginn der Schwangerschaft angenehm ist. Außerdem wirkt sie entgiftend, entschlackend und entwässernd, z. B. bei Wasseransammlungen in den Beinen. Von allen Getreidesorten enthält Gerste den höchsten Anteil an Vitamin B. Die B-Vitamine unterstützen die Nervenfunktion und die Blutbildung im Körper.

Couscous mit Chinakohl und Pilzen

500 ml Wasser oder Gemüsebrühe
1 Prise Salz

150 g Couscous
1/2 Bund Petersilie

1 kleiner Chinakohl
200 g Pilze (Champignons oder Austernpilze)

Pfeffer aus der Mühle

150 g Schafkäse (Feta)

Wasser aufkochen und mit dem Couscous in einer Schüssel vermischen. Hin und wieder umrühren und 5 bis 7 Minuten quellen lassen. Den Backofen auf 180 °C vorheizen.

Chinakohl waschen und in ca. 1 cm breite Streifen schneiden. Pilze putzen und in Scheiben schneiden. Das Gemüse vermischen und in eine Auflaufform geben. Petersilie waschen und fein hacken. Schafkäse in Würfel schneiden. Couscous mit Pfeffer und Salz abschmecken.

Petersilie und Käsewürfel unterrühren und die Mischung auf dem Gemüse gleichmäßig verteilen. Den Auflauf im Backofen 25 bis 30 Minuten backen.

Chinakohl

Chinakohl gehört zu den „Acht Schätzen der chinesischen Heilküche". Er ist eines der ältesten Lebensmittel Chinas und im Winter ein wichtiger Vitaminlieferant, vor allem von Vitamin C, Provitamin A, Niacin und Riboflavin. Außerdem enthält er Kalium, Kalzium, Eisen und Phosphor. Seine thermische Qualität ist neutral, den Blättern und dem Herzen wird eine kühlende, entwässernde, beruhigende und abführende Wirkung zugeschrieben. Die enthaltenen Senföle fördern die Verdauung und stärken die Abwehrkräfte. Nach der TCM wird er bei Bronchitis, Appetitlosigkeit, Verdauungsstörungen und vorbeugend bei Erkältungen eingesetzt.

Mittag und Abend

Kartoffelsuppe mit Maroni

200 g Maroni
200 g Kartoffeln, mehlig kochend
1 Karotte
1/2 Petersilienwurzel
100 g Sellerieknolle
50 ml Schlagobers
1 EL Sonnenblumenöl
1 TL Honig

600 ml Wasser oder Gemüsebrühe
1 Prise Salz

Pfeffer aus der Mühle

Saft einer halben Zitrone

1 Prise Bockshornklee-samenpulver

Maroni kreuzweise einschneiden und in kochendem Wasser für etwa 20 Minuten weich kochen. Die Maroni dann kalt abschrecken, kurz auskühlen lassen und schälen, dabei auch das innere Häutchen entfernen.

In der Zwischenzeit Wasser oder Gemüsebrühe in einem großen Topf erhitzen. Kartoffeln und Gemüse schälen, grob würfeln, in die Suppe geben und etwa 20 Minuten weich kochen. Die Hälfte der geschälten Maroni zugeben und weitere 10 Minuten kochen lassen. Die Gemüsesuppe dann mit dem Stabmixer pürieren. Mit Schlagobers, Pfeffer, Salz, Zitronensaft und Bockshornkleesamenpulver abschmecken.

Die restlichen Maroni in Würfel schneiden und in einer Pfanne mit Sonnenblumenöl knusprig braten. Mit Honig karamellisieren. Die Suppe in zwei tiefen Tellern anrichten und mit den Maroniwürfeln bestreut servieren.

Maroni

Maroni oder Esskastanien werden in der TCM gern als Stärkungsmittel bzw. bei Nierenschwäche eingesetzt. Der süßliche Geschmack und die wärmende Wirkung tonisieren die Nieren und unterstützen den Aufbau von Qi und Blut. Westlich gesehen enthalten Maroni viele B-Vitamine, Kalzium und Phosphor, wodurch sie stärkend für Zähne, Knochen und Nerven wirken.

Hirse-Gemüse-Suppe

2 Karotten
1 EL Rapsöl
60 g Hirse

Karotten und Pastinaken waschen, schälen und grob raspeln. Zwiebel schälen und fein hacken. Rapsöl in einem Topf erhitzen und das Gemüse mit der Zwiebel andünsten.

2 Pastinaken
1/2 TL Paprikapulver

Dann die Hirse zugeben, kurz mitrösten und mit Muskat, Pfeffer und Salz abschmecken. Mit Wasser oder Gemüsebrühe aufgießen und aufkochen lassen. Die Suppe zugedeckt 15 bis 20 Minuten kochen lassen.

1 Zwiebel
1 Prise Muskatnuss, gerieben
Pfeffer aus der Mühle

Petersilie waschen, fein hacken und mit dem Paprikapulver zur Suppe geben. Bei Bedarf mit Pfeffer und Salz nochmals abschmecken.

600 ml Wasser oder Gemüsebrühe
1 Prise Salz

1/2 Bund Petersilie

Pastinaken

Bis Mitte des 18. Jahrhunderts galten Pastinaken als wichtiges Grundnahrungsmittel. Kartoffeln und Karotten verdrängten sie von ihrer Spitzenposition. Den Bauern war die siebenmonatige Wartezeit von der Saat bis zur Ernte einfach zu lang. Vor allem der Biolandbau und gesundheitsbewusste Menschen entdecken das Wurzelgemüse wieder. Und das hat seinen Grund: Pastinaken liefern vor allem Folsäure, viel Kalium, Phosphor, Eisen, Magnesium und Zink. Durch den hohen Anteil an ätherischen Ölen ist der Geschmack süßlich nussig bis würzig scharf.

Gemüsegerste mit Tofuspieß

1 Zwiebel
Pfeffer aus der Mühle
1 Zweig Dille
1/2 Bund Schnittlauch

2 EL Olivenöl
150 g Rollgerste
1 große Karotte
1 kleiner Fenchel
1 roter Paprika

400–500 ml Wasser oder Gemüsebrühe
1 Prise Salz
100 g Tofu

Saft einer halben Zitrone
2 Zweige Petersilie

1 Prise Paprikapulver
2 Zweige Basilikum

Zwiebel schälen und fein hacken. 1 EL Olivenöl in einem Topf erhitzen und die Zwiebel andünsten. Gerste zugeben, kurz mitrösten und mit Wasser oder Gemüsebrühe aufgießen. Karotte schälen und in kleine Würfel schneiden. Fenchel waschen und ebenso würfeln. Das Gemüse zur Gerste geben und mit Pfeffer, Salz, Zitronensaft und Paprikapulver abschmecken. Zugedeckt bei mittlerer Hitze 20 Minuten weich kochen.

In der Zwischenzeit die Tofuspieße zubereiten. Dazu den Paprika waschen, halbieren, entkernen und in 2 cm breite Streifen schneiden. Diese Streifen dann in 2 x 2 cm große Würfel schneiden. Tofu ebenso in 2 x 2 cm große Würfel schneiden. Paprika und Tofu abwechselnd auf Spieße stecken. In einer Pfanne 1 EL Olivenöl erhitzen und die Spieße darin auf jeder Seite knusprig braten.

Sobald die Gerste weich ist, nochmals abschmecken und mit den Tofuspießen anrichten.

Zucchinirisotto

(Rezeptfoto auf Seite 4)

300 g Zucchini
1 EL Butter
ca. 700 ml Hühnerbrühe
4 EL Kürbiskerne
2 EL Kürbiskernöl

1 Zwiebel
Pfeffer aus der Mühle

200 g Risottoreis
1 Prise Salz
100 g Parmesan

1/2 Bund Petersilie

1/2 TL Paprikapulver

Die Zucchini waschen und in dünne Scheiben schneiden. Zwiebel schälen und fein hacken. In einem großen Topf die Butter schmelzen lassen, Zwiebel darin anrösten und dann den Reis andünsten, bis er glasig ist. Nach und nach mit heißer Hühnerbrühe aufgießen und häufig umrühren. Sobald der Reis die Flüssigkeit aufgesaugt hat, wieder etwas Brühe nachgießen. Nach etwa 10 Minuten die Zucchinischeiben zugeben und das Risotto mit Pfeffer und Salz abschmecken. Weitere 10 Minuten nach und nach mit Brühe aufgießen. Dann am besten probieren, ob der Reis weich ist. Er sollte innen noch etwas Biss haben.

Parmesan reiben, Petersilie fein hacken. Die Hälfte vom Käse, Petersilie und Paprikapulver unterrühren und bei Bedarf nochmals mit Pfeffer und Salz abschmecken. Kürbiskerne in einer Pfanne ohne Fett anrösten. Risotto auf zwei Teller verteilen, mit Kürbiskernen und restlichem Käse bestreuen und als Garnitur etwas Kürbiskernöl darüberträufeln.

Risottoreis

Rundkornreis oder Risottoreis wirkt sehr gut gegen Übelkeit und Erbrechen. Generell wird Reis in der TCM bei Milz- und Magenschwäche, Appetitlosigkeit und Verdauungsbeschwerden therapeutisch eingesetzt.

Kokosbratlinge

100 g Kokosflocken
1 EL Rapsöl
Rapsöl zum Braten

100 g Reismehl
1 Zwiebel
Pfeffer aus der Mühle
1/2 TL Kreuzkümmel, gemahlen
1 TL Ingwer, fein gehackt

1/2 Bund Petersilie

1 Prise Salz

1/2 TL Currypulver

Kokosflocken und Reismehl mit etwa 150 ml Wasser zu einem festen Teig vermengen. Zwiebel und Petersilie fein hacken und mit Pfeffer, Kreuzkümmel, gehacktem Ingwer und Currypulver zum Teig geben. Alles gut durchkneten und 10 bis 15 Minuten quellen lassen.

Den Teig dann zu einer dünnen Rolle ausrollen, etwa 4 cm dicke Stücke abschneiden und mit den Händen zu Bratlingen flach drücken.

In einer beschichteten Pfanne etwas Öl erhitzen und die Bratlinge auf jeder Seite goldbraun backen.

Küchentipp

Diese Bratlinge sind eine köstliche Knabberei für zwischendurch oder für unterwegs. Sie passen auch sehr gut als Beilage zu einer Suppe, einem Pfannengemüse oder Eintopf.

Linsenomelett auf Salat

4 Eier
2 EL Milch oder Schlagobers
1 EL Rapsöl

Pfeffer aus der Mühle
1 kleine Zwiebel

1 Prise Salz
50 g gekochte Linsen

2 EL Balsamicoessig

2 Handvoll Salat
(z. B. Chicorée, Vogerlsalat, Radicchio, Rucola, Endivien)

Die Eier mit Milch oder Schlagobers verrühren und mit Pfeffer und Salz abschmecken. Zwiebel schälen, fein hacken und in Rapsöl glasig dünsten. Linsen zugeben und kurz erhitzen.

Die Eier zugießen und die Mischung auf kleiner Flamme stocken lassen. Nach 3 bis 4 Minuten das Omelett wenden und goldbraun braten.

Salat waschen und in mundgerechte Stücke zerteilen. Die Salatblätter auf zwei tiefe Teller verteilen und mit Balsamicoessig beträufeln. Das Omelett einrollen und in etwa 1 cm breite Stücke schneiden. Die Omelettstreifen auf dem Salat anrichten und sofort servieren.

Linsen

Linsen sind eine wahre Kraftnahrung. Sie enthalten einen hohen Anteil an Eisen und Vitamin B und sorgen so für eine gute Konzentration und einen reibungslosen Sauerstofftransport im Blut.

Lachsgnocchi

500 g Kartoffeln,
mehlig kochend
1 Vanilleschote
2 EL Olivenöl
1 Ei

1 Prise Salz
200 g Lachsfilet, ohne Haut

Saft einer Zitrone
100 g Dinkelmehl

Pfeffer aus der Mühle

100 g Rucola

Die Kartoffeln in Wasser etwa 20 Minuten weich kochen. In der Zwischenzeit die Soße vorbereiten. Vanilleschote längs aufschneiden und das Mark mit einem Messer herauskratzen. Das Vanillemark mit Olivenöl, Salz und Zitronensaft verrühren. Lachsfilet abspülen und gut trocken tupfen. Das Filet in ganz dünne Scheiben schneiden, in eine Schüssel geben und mit der Vanillemarinade übergießen. Lachs für mindestens 15 Minuten in der Soße marinieren.

In einem großen Topf Salzwasser für die Gnocchi aufkochen. Die gekochten Kartoffeln schälen und noch heiß durch die Kartoffelpresse drücken. Kartoffeln mit Ei, Pfeffer, Salz und Dinkelmehl zu einem geschmeidigen Teig verkneten. Bei Bedarf etwas mehr Mehl verwenden, der Teig sollte nicht kleben. Mit bemehlten Händen aus dem Teig fingerdicke Rollen formen und etwa 2 cm lange Stücke abschneiden. Diese Stücke dann einzeln auf den Rücken einer Gabel drücken, so entsteht das typische Muster auf den Gnocchi. Die Gnocchi dann im Salzwasser 3 bis 4 Minuten sieden lassen, bis sie an die Oberfläche steigen. Die Gnocchi mit einem Schaumlöffel herausnehmen und noch heiß zum Lachs geben. Vorsichtig durchmischen, sodass der Lachs durch die Hitze der Gnocchi etwas gart. Rucola waschen, trocken schütteln, grob hacken, zu den Lachsgnocchi geben und sofort servieren.

Spinatnockerln

30 g Bergkäse
1 Ei
30 g Butter

30 g Parmesan
1 Prise Salz

400 g Blattspinat
150 g Weizenmehl
100 g Topfen

Pfeffer aus der Mühle
1 Prise Muskatnuss, gerieben

1 Prise Paprikapulver

Bergkäse und Parmesan fein reiben. Spinat waschen, grobe Stiele entfernen und in kochendem Wasser kurz blanchieren. Den Spinat dann kalt abschrecken, ausdrücken und fein hacken.

In einer Schüssel den geriebenen Bergkäse mit Ei, Pfeffer, Muskatnuss, Salz, Mehl, gehacktem Spinat, Topfen und Paprikapulver gut vermengen. Den Teig 20 Minuten im Kühlschrank ruhen lassen.

In einem großen Topf 2 bis 3 Liter Salzwasser aufkochen. Aus dem Teig mit 2 Esslöffeln Nockerln formen und ins Wasser einlegen. Bei niedriger Hitze zugedeckt 10 Minuten ziehen lassen, bis die Nockerln an die Oberfläche steigen. Butter in einem Topf bräunen und über die angerichteten Nockerln gießen. Mit geriebenem Parmesan bestreuen.

Küchentipp

Die Spinatnockerln mit einer großen Schüssel grünem Salat oder Rote-Rüben-Salat servieren. Übrig gebliebene Nockerln am nächsten Tag mit Gemüse als Auflauf zubereiten.

Austernpilzpfanne

100 g Wildreis oder Roter Reis
2 Frühlingszwiebeln
1 TL Ingwer, fein gehackt
Pfeffer aus der Mühle

300 ml Wasser
1 Prise Salz

1 roter Paprika
200 g Romanesco
(oder Brokkoli)
2 EL Sesamöl
2 EL Bocksdornfrüchte
(Goji-Beeren)
200 g Austernpilze

Saft einer halben Zitrone

1/2 TL Kurkumapulver
(Gelbwurz)

Reis waschen und mit Wasser aufkochen. Zugedeckt bei mittlerer Hitze 35 bis 40 Minuten weich kochen. Bei Bedarf noch etwas Wasser zufügen.

Frühlingszwiebeln waschen und das Weiße der Länge nach halbieren. Den grünen Teil schräg in 3 cm lange Stücke schneiden. Paprika halbieren, vierteln, Kerngehäuse entfernen und in dünne Streifen schneiden. Romanesco waschen und in Röschen zerteilen. Sesamöl in einem Wok oder in einer großen Pfanne erhitzen und die Zwiebelstücke darin anbraten. Bocksdornfrüchte, Paprikastreifen und Romanesco zugeben. Bei scharfer Hitze etwa 5 Minuten knackig braten. Austernpilze in Streifen schneiden und zum Gemüse geben. Das Gemüse mit gehacktem Ingwer, Pfeffer, Salz, Zitronensaft und Kurkumapulver abschmecken. Einige Minuten fertig dünsten und mit dem gekochten Reis anrichten.

Austernpilze

Austernpilze liefern Vitamin C, Folsäure, Vitamine der B-Gruppe, Kalium, Kalzium, Phosphor, Magnesium und Eisen. Sie enthalten reichlich Wasser und Eiweiß, aber wenig Fett. Das Eiweiß der Austernpilze ist besonders hochwertig, da alle lebensnotwendigen Aminosäuren vorkommen. Außerdem liefern die Austernpilze Beta-Glucane, die als Ballaststoffe dienen. Die chinesische Medizin sagt ihnen senkende Wirkung auf Blutfette und Cholesterin nach.

Rindereintopf mit Bohnen

100 g Kidneybohnen
1 Prise Salz

250 g Rindfleisch (zum Schmoren)
1 kleine Melanzani
1 EL Sonnenblumenöl
125 ml alkoholfreies Bier (Malzbier)

1 Zwiebel
1/4 TL Senfpulver
1/2 TL Basilikum, getrocknet
Pfeffer aus der Mühle

Saft einer halben Zitrone

2 EL Tomatenmark

Kidneybohnen über Nacht einweichen.

Fleisch in Würfel schneiden. Zwiebel schälen und in Scheiben schneiden. Melanzani waschen und in kleine Würfel schneiden. In einem großen Topf das Öl erhitzen und die Fleischwürfel anbraten. Dann Melanzani und Zwiebel zugeben und mit Senfpulver, Basilikum, Pfeffer, Salz, Zitronensaft und Tomatenmark würzen.

Mit alkoholfreiem Bier aufgießen und die eingeweichten Bohnen zum Eintopf geben. Alles gut durchrühren und den Eintopf zugedeckt 50 bis 60 Minuten schmoren. Bei Bedarf etwas Flüssigkeit zugeben.

Sobald das Fleisch und die Bohnen weich sind, nochmals abschmecken und den Eintopf heiß servieren.

Forelle auf Rote-Rüben-Püree

300 g Rote Rüben

300 g Kartoffeln
2 EL Olivenöl
2 EL Pinienkerne
1 EL Butter
250 ml Gemüsebrühe

1/2 TL Korianderkörner, ganz
Pfeffer aus der Mühle

1 Prise Salz
2 Forellenfilets mit Haut
(ca. 250 g)

1/2 Bund Petersilie
1 EL Weizen- oder Dinkelmehl
2 EL Sauerrahm

Den Backofen auf 200 °C vorheizen. Rote Rüben und Kartoffeln schälen und in etwa 1 cm dicke Scheiben schneiden. Eine Auflaufform mit 1 EL Olivenöl einfetten und das Gemüse gleichmäßig darin verteilen. Koriander im Mörser grob zerstoßen und mit den Pinienkernen und Salz über dem Gemüse verteilen. Restliches Olivenöl darüberträufeln und das Gemüse etwa 40 Minuten backen.

Forellenfilet abspülen, trocken tupfen, mit Salz und Pfeffer würzen und in Mehl wenden.

Butter in einer Pfanne erhitzen. Das überschüssige Mehl von den Forellenfilets klopfen und zuerst mit der Haut nach unten etwa 2 Minuten braten. Dann vorsichtig wenden und weitere 2 Minuten braten. Fisch kurz warm stellen.

Das gebackene Gemüse in einen Topf geben und mit der Gemüsebrühe aufkochen. Mit einem Kartoffelstampfer zu Püree verarbeiten. Mit Pfeffer und Salz abschmecken und Sauerrahm unterrühren. Das Püree auf tiefen Tellern mit dem Forellenfilet anrichten.

Gefüllte Melanzani

1 Melanzani
1 EL Rapsöl
300 g Faschiertes (vom Rind)

1 Prise Salz

1 Zwiebel
Pfeffer aus der Mühle
1 TL Majoran, getrocknet

1 Dose geschälte Tomaten, gewürfelt

50 g Schafkäse (Feta)

Backofen auf 200 °C vorheizen. Backblech mit Backpapier auslegen. Melanzani waschen und in 0,5 cm dicke Scheiben schneiden. Die Melanzani auf das Backblech legen, salzen und im Backofen 15 bis 20 Minuten backen.

Zwiebel schälen und fein hacken. Rapsöl in einem Topf erhitzen und Faschiertes mit Zwiebel darin kräftig anbraten. Mit Pfeffer, Majoran und Salz würzen. Tomatenwürfel zugeben und die Soße 15 bis 20 Minuten einkochen.

Melanzanischeiben dann jeweils mit etwas Fülle belegen, einrollen und in eine Auflaufform stellen. Alle Röllchen eng nebeneinanderlegen. Schafkäse mit den Fingern zerbröseln und über die Melanzani verteilen. Im Backofen bei 180 °C 20 bis 25 Minuten backen.

Melanzani

In Indien und China gelten Melanzani wegen ihrer blutbildenden, entwässernden und entzündungshemmenden Wirkung seit jeher als Naturmedizin. Bei chronischem Asthma und bei Bronchitis helfen Melanzani als Schleimlöser. Die enthaltenen Bitterstoffe und ätherischen Öle wirken außerdem stärkend für das Nervensystem.

Hühner-Gemüse-Pfanne

125 g Hühnerfilet
1 EL Apfelessig

1 TL Currypulver

1 TL Honig
1 EL Rapsöl
100 g Salatgurke
150 g Maiskörner, gekocht

1 TL Ingwer, fein gehackt
1 TL Fünf-Gewürz-Pulver
1 Frühlingszwiebel
Pfeffer aus der Mühle

1 EL Sojasoße
1 Prise Salz

Hühnerfilet waschen, trocken tupfen und in feine Streifen schneiden. Hühnerfleisch in einer Schüssel mit Apfelessig, Currypulver, Honig, Ingwer, Fünf-Gewürz-Pulver und Sojasoße gut vermischen. Frühlingszwiebel waschen, putzen und in dünne Ringe schneiden.

In einem Wok oder einer großen Pfanne Rapsöl erhitzen und die Frühlingszwiebel darin anbraten. Fleisch zugeben und scharf anbraten.

Salatgurke waschen, halbieren und in dünne Scheiben schneiden. Maiskörner und Salatgurke in die Pfanne geben und ebenfalls kurz anbraten. Bei Bedarf mit etwas Wasser aufgießen. Mit Pfeffer und Salz abschmecken.

Küchentipp

Mit Reis oder Hirse anrichten.

Polenta-Hühner-Eintopf

4 Portionen

200 g Karotten
60 g Petersilienwurzel
30 g Polenta
50 g Erbsen

200 g Pastinaken
1 TL Wacholderbeeren

300 g Hühnerfilet
1/2 Bund Petersilie

1 Liter Wasser oder Gemüsebrühe
1 Prise Salz

Pfeffer aus der Mühle

Karotten, Pastinaken und Petersilienwurzel waschen, putzen oder schälen. Gemüse in mundgerechte Stücke schneiden. Hühnerfleisch in Würfel schneiden.

Polenta in einem großen Topf unter Rühren erhitzen, bis das Getreide duftet. Sofort mit Wasser oder Gemüsebrühe aufgießen. Geschnittenes Gemüse, Wacholderbeeren und Erbsen zugeben. Mit Pfeffer und Salz abschmecken. Hühnerfleisch ebenfalls zum Eintopf geben und zugedeckt 25 bis 30 Minuten kochen lassen.

Petersilie waschen und fein hacken. Zum Schluss die Petersilie unterrühren und den Eintopf heiß servieren.

Polenta

Gemahlene Maiskörner werden in ganz Europa als Polenta angeboten. Die Verwendungsmöglichkeiten von Polenta sind vielfältig – ob süß oder pikant, der schmackhafte Maisgrieß wird als Beilage oder Süßspeise in vielen Ländern gern verwendet. Polenta wirkt harmonisierend auf die Mitte und unterstützt den Aufbau von Qi.

Spaghetti mit Mangold

200 g Dinkelspaghetti
oder -linguine
200 g Cocktailtomaten

1 Zwiebel
Pfeffer aus der Mühle

1 EL Olivenöl
1 Mangold
50 g Pinienkerne

1 Prise Salz
50 g Parmesan

1/2 TL Kurkumapulver
(Gelbwurz)

In einem großen Topf 2 bis 3 Liter Salzwasser aufkochen und die Spaghetti darin weich kochen. In der Zwischenzeit Zwiebel schälen und fein hacken. In einem weiteren Topf Olivenöl erhitzen und die Zwiebel darin andünsten. Vom Mangold großzügig den Strunk abschneiden und die Blätter gut waschen. Dann die weißen Stiele abschneiden, in feine Streifen schneiden und mit der Zwiebel dünsten. Die grünen Blätter ebenfalls in dünne Streifen schneiden und in den Topf geben. Alles gut durchmischen und mit Pfeffer und Salz abschmecken. Tomaten waschen, in Scheiben schneiden und zum Mangold geben. Mit Kurkumapulver abschmecken und alles nochmals kurz dünsten. Parmesan fein reiben.

Die Spaghetti abseihen und zum Gemüse geben. Alles gut durchrühren und dann in tiefen Tellern anrichten. Mit Pinienkernen und Parmesan bestreut servieren.

Mangold

Mangold taucht in den letzten Jahren wieder vermehrt im Handel und auf den Gemüsemärkten auf. Er hat einen angenehmen Geschmack und ist vielseitig verwendbar. Er ist besonders gut, wenn er den frostigen Herbstnächten ausgesetzt wird, da er dadurch Süßstoffe entwickelt. Nach der TCM unterstützt Mangold die Darmtätigkeit, reinigt den Darm und kühlt bei innerer Hitze. Durch die darmbefeuchtende Wirkung (wie Spinat) hilft er bei Verstopfung.

Kohlrabi-Kartoffel-Auflauf

300 g Kohlrabi
200 g Kartoffeln
1 TL Butter
3 Eier
200 ml (Soja- oder Reis-)Milch

1 Bund Petersilie

Pfeffer aus der Mühle
1 TL Thymian, getrocknet
1 Prise Muskatnuss, gerieben

1 Prise Salz

1 Prise Paprikapulver

Backofen auf 180 °C vorheizen. Kohlrabi und Kartoffeln schälen und in sehr dünne Scheiben schneiden. Eine Auflaufform mit Butter ausfetten und die Gemüsescheiben abwechselnd darin auslegen.

Petersilie waschen und fein hacken. Die Eier mit Milch verquirlen und mit Pfeffer, Thymian, Muskatnuss, Salz, Petersilie und Paprikapulver gut vermischen. Die Eiermilch gleichmäßig über dem Gemüse verteilen.

Den Auflauf im Backofen 35 bis 40 Minuten goldgelb backen.

Kohlrabi

Der hohe Ballaststoffgehalt der Kohlrabi trägt zu einer geregelten Verdauung bei. Nährstoffe wie Selen, B-Vitamine, Folsäure, Vitamin C, Kalium, Magnesium und Kupfer machen die energiearme Knolle (24 kcal/100 g) zusätzlich interessant. Nach der TCM wirkt Kohlrabi harmonisierend auf Magen und Darm und reduziert Feuchtigkeit.

Fisch mit „Salsa verde"

1 Zitrone
2 Tomaten
1/2 Bund Petersilie
Saft einer Limette

1/2 Fenchelknolle
2 TL Butter
1 Zweig Estragon
50 ml Olivenöl

2 Fischfilets (z. B. Zander, Kabeljau, Lachs)
1 Prise Salz

Pfeffer aus der Mühle
1 Knoblauchzehe
2 Zweige Thymian
1/2 Bund Dille

2 Zweige Basilikum

Backofen auf 160 °C vorheizen. Für die Päckchen zwei Blatt Alufolie oder Pergamentpapier (ca. 25 x 25 cm) vorbereiten. Zitrone, Tomaten und Fenchel waschen und in Scheiben schneiden. In die Mitte des Papiers je zwei Zitronenscheiben und je die Hälfte des Gemüses als Unterlage legen. Fischfilets waschen, trocken tupfen und daraufgeben. Mit Pfeffer und Salz würzen. Dann je einen Zweig Thymian und Basilikum auf das Fischfilet legen. Knoblauchzehe schälen, in Scheiben schneiden und je zur Hälfte über den Fisch geben. Zum Schluss ein Butterflöckchen auf den Fisch legen und das Papier zu einem kompakten Päckchen verarbeiten. Eventuell die Enden mit einem Garn festbinden.

Die Päckchen auf ein Backblech legen und etwa 25 Minuten garen.

In der Zwischenzeit die „Salsa verde" zubereiten. Dazu Petersilie, Dille und Estragon von den Stielen zupfen.
Die Kräuter fein hacken und mit Olivenöl, Pfeffer, Salz und Limettensaft zu einer Soße verrühren. Besonders cremig wird die Soße mit dem Stabmixer. Fisch aus dem Päckchen nehmen, auf einem Teller anrichten, mit „Salsa verde" servieren und als Beilage Reis oder Kartoffelpüree reichen.

Brathuhn mit Kartoffeln

2 Hühnerkeulen
8 Cocktailtomaten
Pfeffer aus der Mühle
2 EL Senf
1 Prise Salz
1 EL Olivenöl
10–12 kleine Kartoffeln
1 Rosmarinzweig
10 Oliven

Backrohr auf 180 °C vorheizen. Hühnerkeulen mit Pfeffer und Salz würzen und mit Senf einreiben. Olivenöl in einer Pfanne erhitzen und die Hühnerkeulen scharf anbraten.

Kartoffeln schälen und ebenfalls in der Pfanne scharf anbraten.

Tomaten waschen und halbieren. Rosmarinnadeln vom Zweig zupfen. Hühnerkeulen und Kartoffeln dann in eine Auflaufform geben. Tomaten, Oliven und Rosmarin gleichmäßig verteilen.

Im Backofen etwa 30 Minuten garen. Hin und wieder die Auflaufform schütteln, damit sich alles gut verteilt, bzw. umrühren und bei Bedarf mit etwas Wasser übergießen. So werden die Keulen schön knusprig.

Küchentipp

Dieses Brathuhn ist schnell vorbereitet und auch für Gäste gut geeignet. Bei größerer Menge einfach alles auf ein Backblech legen. Das Gemüse kann je nach Saison variiert werden.

Desserts

Hirse-Topfen-Knödel mit Apfelmus

Schale einer Zitrone, frisch gerieben

2 EL Butter, weich
1 Ei
1 TL Vanillezucker
130 g gekochte Hirse
3 Äpfel
1 Zimtstange
1 Prise Zimtpulver
Staubzucker zum Bestreuen

1 Prise Salz
100 ml Wasser

1 Prise Kardamompulver
4 Minzeblätter

70 g Topfen
2–3 EL Dinkelmehl
2 EL Sauerrahm

Zitronenschale reiben und mit Butter schaumig rühren. Ei trennen. Eiklar mit Salz und Vanillezucker zu steifem Schnee schlagen. Eidotter und je 1 Prise Kardamompulver und Salz zur Buttermasse geben und gut verrühren. Topfen, Dinkelmehl, Sauerrahm und gekochte Hirse dazugeben, zum Schluss den Eischnee vorsichtig unterziehen. Die Masse im Kühlschrank 30 Minuten durchziehen lassen. In der Zwischenzeit die Äpfel schälen, entkernen und in kleine Stücke schneiden. 100 ml Wasser erhitzen und die Apfelstücke mit der Zimtstange 10 bis 12 Minuten weich dünsten. Zimtstange entfernen und die Äpfel zu einem Mus pürieren.

In einem Topf Salzwasser aufkochen. Aus der Topfen-Hirse-Masse mit feuchten Händen kleine Knödel formen und im Salzwasser 10 Minuten sieden lassen, bis sie nach oben schwimmen. Knödel mit Apfelmus anrichten. Mit Zimt und etwas Staubzucker bestreuen und mit Minzeblättern garniert servieren.

Hirse

Hirse ist für Schwangere ein wichtiges Getreide. Sie stärkt die Mitte, harmonisiert Milz und Magen, tonisiert Qi und Blut und baut Substanz auf. Die stärkende Wirkung auf Milz und Nieren ist für die Versorgung des Kindes wichtig. Hirse leitet Feuchtigkeit – bei Wasseransammlungen oder geschwollenem Gesicht am Morgen – aus.

Haferkekse

140 g Butter
100 g Rohrzucker
2 Eier

300 g Haferflocken
1 Prise Kardamompulver

1 Prise Salz

2 EL Dinkelmehl
1 TL Backpulver

1 Prise Kakaopulver

Die Butter in einem Topf schmelzen. Haferflocken darin unter Rühren anrösten. Rohrzucker zugeben und vom Herd nehmen. Die Masse kurz abkühlen lassen.

Backofen auf 180 °C vorheizen. Backblech mit Backpapier auslegen.

Dann je eine Prise Kardamompulver und Salz zu den Haferflocken geben. Mit Dinkelmehl, Backpulver, Kakao und Eiern gut verrühren. Bei Bedarf – wenn die Masse zu fest wird – 1 bis 2 EL Milch beimengen, bis sich der Teig gut mischen und formen lässt.

Mit einem Teelöffel auf das Backblech kleine Häufchen formen. Die Kekse 15 bis 20 Minuten goldbraun backen.

Hafer

Diese Kekse sind ideale Kraftspender für zwischendurch oder unterwegs. Hafer hat eine leicht erwärmende Wirkung und wirkt sehr dynamisch. Er ist deshalb sehr hilfreich bei chronischem Energiemangel und körperlicher Erschöpfung. Bei Schlafstörungen und starken Hitzeempfindungen sollte Hafer aber nicht im Übermaß genossen werden.

Crème Brûlée mit Beeren

2 Eidotter
2 EL Zucker
1 TL Vanillezucker
250 ml Schlagobers
Rohrzucker zum Bestreuen

1 Prise Kardamompulver

1 Prise Salz

200 g Beeren

Schale einer Orange, gerieben

Backofen auf 110 °C vorheizen. Wasserbad vorbereiten – dazu eine Auflaufform mit Wasser füllen. Eidotter mit Zucker gut verrühren. Schlagobers mit Vanillezucker und geriebener Orangenschale kurz aufkochen. Die Dottermischung einrühren und vorsichtig erwärmen, bis das Obers eindickt.

Die Mischung vom Herd nehmen und in feuerfeste Förmchen gießen, mit Folie abdecken. Im Backofen 60 bis 80 Minuten im Wasserbad stocken lassen. Danach mindestens zwei Stunden im Kühlschrank durchkühlen.

Vor dem Servieren mit Rohrzucker bestreuen und mit einem Brenner gratinieren oder nochmals im Backofen auf Grillstufe bräunen. Die Crème Brûlée mit Beeren garniert servieren.

Küchentipp

Als Variante für eine Kokos-Crème-Brûlée kann das Schlagobers halbiert und stattdessen Kokosmilch verwendet werden.

Marillen-Mandel-Brot

200 g getrocknete Marillen
100 g Mandeln
2 Eier
125 ml (Soja- oder Reis-)Milch
Butter zum Einfetten

250 ml Orangensaft
40 g Weizenkeime, geschrotet
200 g Dinkelmehl
2 TL Weinsteinbackpulver

Schale einer Zitrone, gerieben

1/2 TL Kardamompulver

1 Prise Salz

Den Backofen auf 180 °C vorheizen.

Marillen klein hacken. Orangensaft mit Zitronenschale und getrockneten Marillen in einem Topf kurz aufkochen und dann auskühlen lassen.

Mandeln grob hacken. Die gekochten Marillen mit Ei, Milch und Mandeln gut vermischen. Weizenkeime, Mehl und Backpulver dazugeben und zu einem Teig verrühren.

Eine Kastenform mit etwas Butter ausfetten, mit Mehl bestäuben und den Teig einfüllen. Im Backofen 35 bis 40 Minuten backen. Auskühlen lassen und dann aus der Form stürzen.

Küchentipp

Dieses süße Brot eignet sich an stressigen Tagen hervorragend für ein Frühstück oder als Snack für zwischendurch.

Polenta-Maroni-Terrine

4–6 Portionen

250 ml (Soja- oder Reis-)Milch
125 ml Soja- oder Schlagobers
8 EL Polenta
250 g Maronimus

1 Prise Muskatnuss, gerieben

250 ml Wasser
1 Prise Salz

Saft einer halben Zitrone
200 g Himbeeren

1 Prise Kurkumapulver (Gelbwurz)

In einem Topf die Soja- oder Reismilch mit dem Obers, Polenta, Muskatnuss, Wasser, Salz, Zitronensaft und Kurkumapulver gut verrühren und aufkochen. Die Masse regelmäßig umrühren und 10 bis 15 Minuten zu einem Brei einkochen. Bei Bedarf noch weitere Flüssigkeit zugeben.

Eine Terrine oder viereckige Auflaufform vorbereiten und mit Wasser ausspülen. Die Hälfte der Polenta einfüllen und gleichmäßig verstreichen. Das Maronimus darauf verteilen und dann mit dem Rest der Polenta bedecken. Gut verstreichen und im Kühlschrank mindestens 6 Stunden durchkühlen lassen.

Die Terrine in Scheiben schneiden und mit (zerdrückten) Himbeeren servieren. Bei Bedarf mit Honig süßen.

Küchentipp

Die Polenta-Terrine kann gut vorbereitet werden und hält sich einige Tage im Kühlschrank. Maronimus kann auch frisch aus gebratenen Maroni zubereitet werden, aber am einfachsten geht es mit fertigem Mus, das bereits im Glas oder in der Dose, teilweise auch tiefgekühlt, angeboten wird.

Süßer Bohnenstrudel

50 g Adukibohnen

1 EL Butter
30 g Zucker
100 ml Schlagobers
1 Pkg. Strudelteig aus dem Kühlregal
Butter zum Bestreichen

50 g Dinkelgrieß
2 EL Orangensaft

1 Prise Kardamompulver

1 EL Kakaopulver

Adukibohnen über Nacht einweichen. Einweichwasser wegschütten, die Adukibohnen abspülen, mit frischem Wasser 45 bis 50 Minuten weich kochen und dann mit etwas Kochwasser pürieren.

Backofen auf 180 °C vorheizen. Butter in einem Topf schmelzen und den Dinkelgrieß kurz anrösten. Grieß mit Zucker, Schlagobers, Kardamompulver, Adukibohnenpüree, Orangensaft und Kakaopulver vermischen und gut verrühren.

Strudelteig auf einem Küchentuch ausbreiten und zu 2/3 mit der Fülle gleichmäßig bestreichen. Mithilfe des Tuchs den Strudel dann fest einrollen und auf ein mit Backpapier ausgelegtes Backblech legen. Den Strudel mit etwas geschmolzener Butter bestreichen und im Backofen 25 bis 30 Minuten backen.

Küchentipp

Eine weitere Möglichkeit ist, kleine Päckchen zuzubereiten. Dazu den Strudelteig in 10 x 10 cm große Rechtecke schneiden, 1 EL Fülle in die Mitte geben und zu kleinen Päckchen zusammenfassen.

Panna Cotta mit Zwetschkenkompott

3 Blatt Gelatine oder
1 EL Agar-Agar

1 Vanilleschote
200 ml Schlagobers
oder Sojaobers
100 ml (Soja- oder Reis-)Milch
300 g Zwetschken
4 EL Zucker
1 Zimtstange

1 Prise Kardamompulver
etwas geriebener Ingwer

1 Orange

50 ml roter Traubensaft

Die Gelatine in kaltem Wasser einweichen. Die Vanilleschote längs einschneiden und das Mark auskratzen. Obers mit Milch, Vanillemark und Kardamompulver aufkochen. Die ausgedrückte Gelatine zugeben und unter Rühren auflösen, dabei nicht mehr kochen lassen. Bei Verwendung von Agar-Agar bitte die Mischung unbedingt für 1 bis 2 Minuten kochen lassen. Die Mischung etwas auskühlen lassen und in mit Wasser ausgespülte Förmchen füllen. Mindestens vier Stunden, aber besser über Nacht im Kühlschrank durchkühlen.

Die Zwetschken waschen, halbieren und entkernen. Die Orange heiß waschen und etwa 1 TL Orangenschale abreiben. Saft auspressen. In einem Topf den Traubensaft mit Zucker, den Zwetschkenhälften und der Zimtstange aufkochen. Mit Ingwer, Orangensaft und Orangenschale würzen und zu einem Kompott einkochen. Auskühlen lassen. Die Panna Cotta auf zwei Teller stürzen und mit dem Kompott servieren.

Zwetschken

Nach der TCM unterstützen Zwetschken oder Pflaumen die Leber, regulieren die Darmtätigkeit, wirken entwässernd und senken das Cholesterin. Außerdem schützen sie vor Krebs und gelten als Mittel für die Schönheit.

Birnentiramisu

4 Birnen
125 ml Schlagobers
16 Vollkornbiskotten
1 Prise Zimtpulver

150 ml Wasser

2 Gewürznelken

150 g Topfen

Schale einer halben Orange, gerieben
30 g Bitterschokolade

Birnen schälen, entkernen und in Stücke schneiden. Wasser erhitzen und die Birnenstücke mit Gewürznelken 12 bis 15 Minuten weich kochen. Die Nelken dann entfernen und Birnen zu einem Mus pürieren. Auskühlen lassen.

Schlagobers aufschlagen. Topfen mit Orangenschale verrühren. Birnenmus und Schlagobers abwechselnd in die Topfenmasse einrühren. Eine Auflaufform mit Biskotten so dicht wie möglich auslegen. Die Topfen-Schlagobers-Masse abwechselnd mit Biskotten in die Form füllen, mit Creme abschließen. Mit Zimt bestreuen und im Kühlschrank mit Frischhaltefolie zugedeckt ziehen lassen.

Kurz vor dem Servieren aus dem Kühlschrank nehmen. Bitterschokolade grob darüber raspeln und servieren.

Küchentipp

Ein kühlendes, erfrischendes Dessert, das den Blut- und Säfteaufbau vor und nach der Geburt sehr gut unterstützt.

Hirse-Weichsel-Auflauf

125 g Hirse
1 Zimtstange
2 Eier
60 g Zucker
50 g Butter
50 g geriebene Mandeln

2 Kardamomkapseln

300 g Weichseln
100 g Topfen oder Sauerrahm

1 Prise Salz

Schale einer halben Zitrone

Hirse gut waschen und in einem Topf mit der doppelten Menge Wasser, Zimtstange und Kardamomkapseln aufkochen. Dann zugedeckt für etwa 15 Minuten auf kleiner Flamme ausquellen lassen.

Backrohr auf 180 °C vorheizen. Weichseln waschen und entkernen. Die Eier trennen. Eiklar mit Salz und der Hälfte des Zuckers zu steifem Schnee aufschlagen. Eidotter mit Butter und dem restlichen Zucker schaumig rühren. Topfen oder Sauerrahm unterrühren. Die Masse mit der gekochten Hirse und den geriebenen Mandeln vermischen. Zuletzt Eischnee vorsichtig unterheben. Eine Auflaufform zuerst mit der Hälfte der Hirsemasse befüllen, die Hälfte der Weichseln darauf verteilen, mit Hirse bedecken und die restlichen Weichseln oben in die Hirsemasse drücken. Den Auflauf im Backofen 35 bis 40 Minuten backen.

Küchentipp

Weichseln können durch süße Kirschen ersetzt werden. Beides gibt es auch in Kompottform im Supermarkt oder Bioladen zu kaufen. Diese sind meist gezuckert, daher kann die Zuckermenge bei der Hirsemasse reduziert werden.

Power-Shake mit Beeren

300 ml Sojamilch
1 EL Honig

1 Prise Kardamompulver

100 g Seidentofu

150 g Beeren
(z. B. Himbeeren,
Heidelbeeren, Erdbeeren)

1/2 TL Kakaopulver

Sojamilch im Standmixer mit Honig, Kardamompulver, Seidentofu, Beeren und Kakaopulver pürieren.

Am besten gut gekühlt servieren.

Seidentofu

Seidentofu ist eine besonders feine Tofuvariante. Bei der Herstellung wird die mit Nigari (ein aus Meerwasser gewonnenes Gerinnungsmittel) vermischte Sojamilch in Hartschalen versiegelt und anschließend erhitzt. So entsteht von der Konsistenz eine Art stichfester Joghurt, da hier die Molke nicht entfernt wird. Seidentofu eignet sich hervorragend für die Herstellung von Soßen, Dressings und Süßspeisen.

Himbeermuffins

4 Portionen

40 g Zucker
1/2 TL Vanillezucker
1 TL Weinsteinbackpulver
80 ml Rapsöl

1 TL Ingwer, frisch gerieben

1 Prise Salz

120 g Dinkelmehl
160 ml Orangensaft
(oder Apfelsaft)
200 g Himbeeren

50 g Schokolade
(mind. 70 % Kakaoanteil),
grob gehackt

Backofen auf 180 °C vorheizen. Alle Zutaten – bis auf die Himbeeren – in einer Schüssel zu einem glatten Teig verrühren. Zum Schluss vorsichtig die Himbeeren unterheben.

Den Teig entweder in die Mulden eines Muffinblechs oder in Papierkörbchen füllen und auf ein Backblech stellen. Die Papierkörbchen am besten doppelt nehmen, dann bleibt die Form stabiler.

Im Backofen 20 bis 25 Minuten auf mittlerer Schiene backen.

Himbeeren

Himbeeren sind wahrscheinlich bereits seit der Jungsteinzeit ein beliebtes Sammelobst. Sie wachsen ursprünglich wild in den Laubwäldern Mittel- und Nordeuropas, und bereits seit dem Mittelalter werden sie – damals in Klostergärten – kultiviert. Himbeeren gelten seit dem Altertum als Heilpflanze. Nach der TCM stärken sie die Niere, vor allem die Essenz, und die Sehkraft.

Therapeutische Rezepturen und Kraftsuppen

Hühnerkraftsuppe

4–6 Portionen

Kräutermischung 1
15 g Huang Qi (Radix Astragalus)
15 g Guo Qi Zi (Fructus Lycii)
10 g Dang Gui (Radix Angelica Sinensis)
Achtung: Dang Gui nur NACH der Geburt verwenden!
10 g Da Zao (Fructus Jujubae)

Kräutermischung 2
10 g Ou Jie (Nelumbinis Nd Rhizomatis)
10 g Lian Zi (Nelumbinis Semen)
7 Stück Da Zao (Fructus Jujubae)
25 g Adukibohnen

1 Hühnerbrust mit Knochen
1 Hühnerkeule
1 Bund Petersilie
2 Zitronenscheiben

2 Karotten
2 Pastinaken- oder Petersilienwurzeln
1/2 Sellerieknolle

2 Scheiben Ingwer
4 Kardamomkapseln
1 Sternanis

1 Stück Wakame-Alge (ca. 5 cm)
1 Prise Salz

1 TL Wacholderbeeren

Einen großen Topf mit Wasser erhitzen und die Hühnerteile 2 bis 3 Minuten aufkochen. Hühnerteile dann in einem Sieb abseihen, Topf vom Schaum reinigen und die Hühnerteile mit frischem Wasser (ca. 3 Liter) neu aufsetzen. Gemüse putzen, grob würfeln und zur Suppe geben. Ingwerscheiben, Kardamomkapseln, Sternanis, Wakame-Alge, Petersilie, Zitronenscheiben und Wacholderbeeren zugeben. Dann die Kräutermischung 1 oder 2 zugeben und alles aufkochen lassen. Eventuell entstehenden Schaum abschöpfen. Die Suppe auf kleiner Flamme etwa 1 Stunde köcheln lassen.

Hühnerteile dann herausnehmen, das Fleisch in einer Schüssel beiseitestellen und die Knochen zurück in die Suppe geben. Weitere 1,5 bis 2 Stunden köcheln lassen. Dann die Suppe abseihen und alle ausgekochten Zutaten wegwerfen. Die klare Suppe heiß in Schraubgläser abfüllen, verschließen, kurz „auf den Kopf" stellen und nach dem Auskühlen im Kühlschrank aufbewahren.

Küchentipp

Diese Suppenessenz ist die Basis für frische Suppenmahlzeiten. Dazu Hühnerbrühe erwärmen und frisches Gemüse nach Saison (z. B. Stangensellerie, Karotten, Chinakohl, Erbsenschoten, Zucchini) kurz darin erhitzen. Gekochtes Hühnerfleisch und Reis oder Nudeln beigeben, und schon ist eine sättigende Suppenmahlzeit fertig. Die Suppe kann auch getrunken werden.

Schwarzer Kraftbrei

1/2 Tasse schwarzer Reis
3–4 Tassen Wasser

2 EL Rohrzucker
2 EL Sesam, schwarz

1 TL Ingwer, frisch gerieben

Saft einer halben Zitrone

Schale einer halben Orange, gerieben

Reis waschen und in einem Topf mit Wasser aufkochen. Dann Rohrzucker, Sesam, Ingwer, Zitronensaft und Orangenschale zugeben.

Den Reis zugedeckt auf kleinster Stufe 50 bis 60 Minuten köcheln lassen, bis sich ein Reisschleim bildet.

Den Kraftbrei dann entweder gleich heiß verzehren oder in kleinen Schüsseln – wie Pudding – fest werden lassen und mit Obstmus ergänzt servieren.

Schwarzer Sesam

Schwarzer Sesam (Sesami nigri sm, chin. Hei Zhima) wirkt besonders aufbauend für Blut und Essenz. Dieser Brei ist sehr stärkend und unterstützt bei der Kalziumversorgung.

Reissuppe (Congee)

Suppenbasis
10 Tassen Wasser
1 Tasse Naturreis
2 Scheiben Ingwer
4 Kardamomkapseln

Reissuppe mit Orangenschalen
1–2 Schöpflöffel Reissuppe
1–2 g getrocknete Bitterorangenschalen (Pericarpium Citri Reticulatae, chin. Chen Pi)
Honig nach Geschmack

Reissuppe mit Maroni
1–2 Schöpflöffel Reissuppe
10–12 geschälte, gekochte Maroni
Honig nach Geschmack

Reissuppe mit schwarzem Sesam und Beeren
1–2 Schöpflöffel Reissuppe
1–2 EL Sesam, schwarz
Honig nach Geschmack
100 g Beeren (z. B. Heidelbeeren, Himbeeren, Erdbeeren)

Suppenbasis: Reis mit Wasser, Ingwerscheiben und Kardamomkapseln aufkochen und dann auf kleiner Flamme 2 bis 4 Stunden köcheln lassen. Je länger der Reis kocht, desto mehr stärkt er Qi und Blut. Da die Herdplatten unterschiedlich Hitze abgeben, bitte beim ersten Mal hin und wieder nachsehen, damit der Reis nicht anbrennt. Bei Bedarf weitere Flüssigkeit zugeben. Die fertige Reissuppe kann dann je nach Bedarf verfeinert werden.

Reissuppe mit Orangenschalen: Reissuppe aufkochen, getrocknete Bitterorangenschalen dazugeben und 10 bis 15 Minuten köcheln. Dann mit Honig abschmecken und servieren. Diese Suppe ist empfehlenswert bei Übelkeit oder Völlegefühl in den ersten Schwangerschaftsmonaten. Die in der Orange enthaltenen Bitterstoffe harmonisieren den Qi-Fluss und stärken das Milz-Qi. Alternativ zu den getrockneten Orangenschalen können Sie auch die Schale einer halben Bioorange fein schneiden und zum Reis geben.

Reissuppe mit Maroni: Reissuppe aufkochen, Maroni beigeben und 10 bis 15 Minuten kochen. Mit Honig abschmecken. Maroni wirken stärkend auf die Niere, das Gehirn und die Essenz (Jing).

Reissuppe mit schwarzem Sesam und Beeren: Reissuppe aufkochen, gemörserte oder gemahlene Sesamsamen beigeben und 5 bis 7 Minuten kochen. Mit Honig verfeinern und mit Beeren anrichten. Diese Variante stärkt das Nieren- und Leber-Yin, wirkt Verstopfung entgegen und fördert den Blutaufbau.

Reisbrei „9 Kostbarkeiten für das Blut"

Kräutermischung

15 g Da Zao (Fructus Jujubae)
15 g Guo Qi Zi (Fructus Lycii)
15 g Lian Zi (Nelumbinis Semen)
15 g Longyan Rou (Longan Arillus)
15 g Sang Shen (Mori Fructus)
15 g Hei Zhima (Sesami nigri sm)

50 g Klebreis oder Süßreis
1 TL Ingwer, frisch gerieben

20 g Mandeln oder
20 g Walnüsse
20 g Erdnüsse
Honig nach Geschmack

1 Prise Salz

Saft einer halben Zitrone

Schale einer halben Orange, gerieben

Reis mit allen Zutaten und der Kräutermischung in einem Topf gut mit Wasser bedecken und mindestens 30 Minuten auf kleiner Flamme kochen. Bei Bedarf etwas Wasser nachgießen.

Den fertigen Reisbrei nach Belieben mit Honig abschmecken und eventuell mit frischem, klein geschnittenem Obst (Marillen, Äpfeln, Birnen, Beeren) ergänzen.

Reisbrei

Dieser Brei wirkt stärkend nach der Geburt. Er unterstützt vor allem den Aufbau von Blut und Säften, gibt Energie, beugt Verstopfung vor und hilft die ersten Tage mit eventuellem Schlafmangel gut zu überstehen. Am besten mindestens dreimal pro Woche für 3 bis 4 Wochen essen. Sollte einmal die eine oder andere Zutat fehlen, kann der Brei trotzdem zubereitet werden.

Karpfensuppe

250 g Karpfenfilet (ohne Haut), idealerweise auch Kopf, Schwanz oder Gräten vom Karpfen
1 Stück Wakame-Alge (ca. 5 cm)
1 Prise Salz oder Sojasoße

2 Karotten
1/2 Sellerieknolle
2 EL getrocknete Bocksdornfrüchte (Fructus Lycii)

2 Scheiben Ingwer
1/2 Stange Porree
1 TL Pfefferkörner
1 Sternanis

Schale einer halben Zitrone

5 Wacholderbeeren
1/2 TL Kurkumapulver (Gelbwurz)

In einem großen Topf 2 Liter Wasser erhitzen und den Fischkopf, Schwanz und Gräten für 30 Minuten sieden lassen. Anschließend die Brühe abgießen, auffangen und neu aufsetzen. Karotten und Sellerie schälen, in grobe Stücke schneiden und in die Brühe geben. Porree waschen und in Ringe schneiden. Die getrockneten Bocksdornfrüchte, Ingwerscheiben, Porree, Pfefferkörner, Sternanis, Algen, Zitronenschalen, Wacholderbeeren und Kurkumapulver in die Brühe geben und 30 Minuten bei mittlerer Hitze sieden lassen.

Karpfenfilet waschen, trocken tupfen und in Streifen schneiden. Die Karpfenstücke in der Suppe 8 bis 10 Minuten sanft garen. Die Suppe dann mit Salz oder Sojasoße abschmecken und heiß servieren. Sie können die Suppe auch mit mehr Wasser zubereiten und einen Teil als Brühe trinken.

Karpfensuppe

Diese Karpfensuppe wirkt kräftigend und steigert in der Stillzeit den Milchfluss. Bei starker Blutleere und Müdigkeit kann die Suppe mit Polygonumwurzel (Polygonum Multiflorum Rx, chin. He Shou Wu) ergänzt werden. Dazu 10 g Polygonumwurzel in 500 ml Wasser für 40 Minuten kochen und den Sud zur Suppe geben. Die Wurzel ist auch wegen ihrer verjüngenden und positiven Wirkung auf die Haare berühmt.

Energiekugeln

10 Stück

60 g Datteln
50 g Softfeigen
20 g Rosinen
50 g Walnüsse
1 EL Honig
2 EL Kokosraspeln

Ingwer, ca. 1 cm, geschält

2 EL schwarzer Sesam

Saft einer halben Zitrone

1 Prise Kakaopulver

Datteln entkernen. Mit dem Blitzhacker Datteln, Feigen, Rosinen, Walnüsse und Ingwer fein hacken. Alles in eine Schüssel geben und mit Honig, schwarzem Sesam, einem Spritzer Zitronensaft und Kakaopulver vermischen.

Kokosraspeln in eine kleine Schüssel geben. Mit feuchten Händen aus der Masse kleine Kugeln formen und diese in den Kokosraspeln wälzen.

Küchentipp

In einer gut verschließbaren Dose sind die Energiekugeln 1 bis 2 Wochen haltbar und können so jederzeit als Energiehappen dienen.

Rezepte von A bis Z

Kleiner Küchendolmetscher

Österreichisch – Deutsch

Blaukraut – Rotkohl
Eidotter – Eigelb
Eiklar – Eiweiß
Faschiertes – Hackfleisch
Fisolen – grüne Bohnen
Holler – Holunder
Karfiol – Blumenkohl
Karotte – Möhre, Mohrrübe
Kekse – Plätzchen
Knödel – Kloß
Kohl – Wirsing
Kohlsprossen – Rosenkohl
Kraut – Kohl
Kren – Meerrettich
Lauch – Porree
Marillen – Aprikosen
Marmelade – Konfitüre
Maroni – Esskastanie
Melanzani – Aubergine, Eierfrucht
Nockerl – Klößchen
Orangen – Apfelsinen
Polenta – Maisgrieß
Püree – Mus
Rosinen – getrocknete Weinbeeren
Rote Rüben – Rote Bete, Randen
Sauerrahm – Schmand, saure Sahne
Schlagobers – süße Sahne
Semmelbrösel – Paniermehl
Staubzucker – Puderzucker
Topfen – Quark
Vogerlsalat – Feldsalat, Rapunzel
Weißkraut – Weißkohl
Zwetschken – Pflaumen

Verwendete Literatur

- Engelhardt, Ute und Hempen, Carl-Hermann:
  Chinesische Diätetik
  Urban Schwarzenberg Verlag 2002
- Gutmann, Johannes:
  Auf der Sonnenseite. Leben und genießen mit Kräutern und Gewürzen
  Residenz Verlag 2008
- Hanreich, Inge:
  Essen und Trinken. Kinderwunsch, Schwangerschaft und Stillzeit
  Verlag Hanreich 2006
- Hofer, Karin:
  Es war eine Mutter, die hatte vier Kinder
  Norea Verlag 2006
- Kaffka, A. Andrea:
  Zu den Quellen weiblicher Kraft
  Joy Verlag 2006
- Kastner, Jörg:
  Propädeutik der Chinesischen Diätetik
  Hippokrates Verlag 2003
- Li, Christine:
  Chinesische Medizin für den Alltag
  GU Verlag 2006
- Schneider, Karola:
  Kraftsuppen nach der Chinesischen Heilküche
  Joy Verlag 2002
- TAO-Kongress 2007 in Wien (Mitschrift):
  Chinese Herbal Soup Recipes von Dr. Lixing Lao
  University of Maryland, School of Medicine
- Temelie, Barbara und Trebuth, Beatrice:
  Die 5 Elemente Ernährung für Mutter und Kind
  Joy Verlag 2003
- Yanping, Wu:
  Ernährungstherapie mit chinesischen Kräutern
  Urban & Fischer Verlag 2005
- Zizenbacher, Orina:
  Gemüse, Getreide, Obst
  Natur-Heil-Kunst Verlag 2005

Adressen und Bezugsquellen

Dr. Claudia Nichterl
www.essenz.at bzw.
beratung@essenz.at
Eine 5-Elemente-Tabelle zu Thermik und Geschmack von Lebensmitteln finden Sie kostenlos zum Download unter www.essenz.at/Tabelle

5-Elemente-Ernährungsberatung in Deutschland und Österreich
www.5-elemente-ev.de
www.tcm-ernaehrung.at

5-Elemente-Rezeptservice

Möchten Sie sich regelmäßig mit der 5-Elemente-Ernährung etwas Gutes tun? Gehen Ihnen manchmal die Ideen für neue Gerichte aus? Wenn das die Situation trifft, dann ist das „essen:z abo" – mein Rezept-service – für Sie eine gute Unterstützung. Sie erhalten jeden Monat eine Auswahl an Rezepten – individuell auf Ihre Anforderungen und Bedürfnisse abgestimmt. Die Zustellung erfolgt per E-Mail – einfach und unkompliziert.
Als LeserIn dieses Buches haben Sie die Möglichkeit, den 5-Elemente-Rezeptservice von Dr. Claudia Nichterl zum ermäßigten Preis zu abonnieren. Weitere Informationen finden Sie auf der Homepage www.essenz.at/abo. Die Ermäßigung von 10 Euro erhalten Sie nach Eingabe des Gutscheincodes: 2009SCHWANG5E.

Nützliche Adressen

Informationskreis Kind und Ernährung (IKE)
Eltern-Hotline für Mitglieder:
Di und Do von 9:00–11:00 Uhr
(Mitgliedsbeitrag € 14,–/Jahr)
Esterhazygasse 7/2
A-1060 Wien
Tel.: +43 1 504 28 29-3
E-Mail: office@informationskreis.org
Internet: www.informationskreis.org

Hebammen
www.hebammenzentrum.at
www.hebammen.at
www.bdh.de
www.bfhd.de
www.hebamme.ch

Stillberatung
www.afs-stillen.de
www.bdl-stillen.de
www.lalecheliga.de
www.stillkinder.de
www.lalecheliga.at
www.stillen.at
www.stillen.ch
www.stillberatung.ch

Biologische Lebensmittel und Umweltberatung
www.bioland.de
www.allesbio.de
www.naturkost.de
www.bioinfo.at
www.umweltberatung.at
www.bio-suisse.ch
www.bionetz.ch

Bezugsquelle für chinesische Kräuter in kontrollierter Qualität

Die angegebenen Tees und Gewürzmischungen können direkt bestellt werden. Auf Wunsch wird eine aktuelle Preisliste zugesendet. Der Versand erfolgt auch nach Deutschland und in die Schweiz.
Schubert-Apotheke, Arndtstraße 88,
A-1120 Wien, Tel.: +43 1 813 72 32,
Fax: +43 1 813 72 32 30
E-Mail: tcm@schubertapotheke.at
Internet: www.schubertapotheke.at

Bildquellen
Umschlag: Uwe Urbann
Inhalt: Fotolia.com: Sandy Schulze (S. 7), Joanna Zielinska (S. 15), soschoenbistdu (S. 21), Elena Kouptsova-Vasic (S. 22), Anja Roesnick (S. 27)
Uwe Urbann (alle weiteren)

Impressum

Druck- und Verlagsges. m. b. H. Nfg. KG
Sturzgasse 1A, A-1141 Wien
E-Mail: buch@avbuch.at, Internet: www.avbuch.at

Die Deutsche Bibliothek – CIP-Einheitsaufnahme
Die Deutsche Bibliothek verzeichnet diese Publikation in der Deutschen Nationalbibliografie; detaillierte bibliografische Daten sind im Internet über http://dnb.ddb.de abrufbar.

Projektleitung: Alexandra Mlakar, avBUCH
Redaktion: Rosemarie Zehetgruber – gutessen consulting, Wien
Umschlag & Layout: Ravenstein + Partner, Verden
Satz: armanda,geisler Wien
Bildreproduktion: Hantsch & Jesch PrePress Services OG, Wien
Druck und Bindung: Westermann Druck, Zwickau
Printed in Germany
ISBN 978-3-7040-2333-9